「意志あるところに必ず道あり」

個を育てチームの成長へつなげる

桐蔭学園ラグビー部式 勝つための組織の作り方

桐蔭学園高校ラグビー部監督

藤原秀之

まえがき

2021年1月、桐蔭学園ラグビー部は「花園」こと全国高校ラグビー大会で3度目の優勝を飾り、日本一になることができました。

選手やスタッフの頑張りがあり史上9校目の連覇を達成できましたが、個人的には高校の指導者の道をスタートさせたとき、目標としていた相模台工業(現・神奈川県総合産業高校)の偉業に並ぶことができて嬉しく思っています。

ただコロナ禍だったために祝賀会や神奈川県知事訪問などの行事は一切なく、感傷に浸る間もなく、花園が終わった後は例年通り、日々、選手たちと向き合い、どうしたら強くなるかを考えて、毎日を過ごしていました。

そんな時、ある強豪大学の監督から一本の電話がありました。「藤原、本を出したてみたらどうだ？　花園の優勝1回だけならダメだが、花園を連覇した監督なら本を出す権利があるぞ」と言われました。

そんな矢先、今回のお話をいただき、桐蔭学園ラグビー部で指導を始めて30年が経ち、監督に就任して20年目の節目だったことも重なって「タイミングが良かったかな……」と思い、快諾した次第です。

今まで内向きの話は、あまりオープンにしてこなかったのですが、私がコーチ、監督として指導してきた30年間の成功談や失敗談を書かせていただこうと思いました。

引き続きコロナ禍のため、いろんな困難もありましたが、2021年度も神奈川県予選で優勝し、なんとか20回目となる花園に出場することができました。02年に監督に就任して以来、昨年度までの19年間で花園に17回出場することができ、8回も決勝に進出できました。

例年、次から次へと大会があり、あまり数えることもなかったですが、花園での勝率も80％(52勝13敗1分)近くになり、「なかなかの数字になったのでは？」と、スタッフの中で話していたところでした。

もちろん成功談だけでなく、監督になってから神奈川県予選で3回負けて花園に出場することができず、花園では3回戦負けも2回ありました。また花園の決勝に進出しても、なかなか勝てず、「もう一生、勝てないのかもしれない……」と思ったときもありました。

ただいずれにせよ、すべての大会、試合を今でも鮮明に思い出すことができます。桐蔭学園では入ってきた年に応じて「○期」と呼ぶ慣習があるのですが、歳を取ってもOBが学校に訪ねてきたとき「○期の誰々」とすぐにわかるので、それだけ、どの代の選手とも関係性が濃かったのだと感じています。

「高校でラグビーを教えたい」と思い、日本体育大学を卒業し、桐蔭学園に来てからの30年はあっという間の出来事でした。

思い返して見れば、最初から何でも指導できるコーチはいないので、成功よりも失敗が多かったと感じています。ただ、その失敗も挑戦した結果の失敗なので、本当の意味での失敗ではなかったと思っています。毎年、同じことを続けるのではなく、何かを変えて強みを作ることを念頭にチャレンジし続けることができました。

コーチを始めてから「嘘を教えない」「なんでその練習をするのか明確にする」ということを大事にしてきました。また教えている自分が楽しまないと、生徒たちも楽しくないと思い、自分自身がコーチングを楽しみつつ、一年一年の積み重ねと試したり削ったりなどの取捨選択があり、ここまで来ることができたかな……と感じています。

「西高東低」といわれ久しい高校ラグビー界で、桐蔭学園がどうして強くなることができたのか、選手やスタッフと試行錯誤しながら、どんな取り組みをしてきたのか――。

今まで私が経験、実践してきたことが、次の年代に引き継ぐという意味で、本書を読んでいただいて参考になることがあれば幸甚です。

第5章 花園の頂点に立てない苦しい時代に学んだこと

第6章 桐蔭学園ラグビー部について

第7章 高校ラグビー、日本ラグビー界への提言

第8章 今後の指導者としてのキャリアについて

関係者インタビュー

TOIN GAKUEN RUGBY FOOT BALL CLUB

第1章

史上9校目の花園連覇達成!

◆走馬灯のように駆け巡る30年間の指導

２０２０年1月7日、「花園」こと全国高校ラグビー大会決勝戦、東大阪市花園ラグビー場のスタンドから試合を見ていました。ノーサイド直後、私は今までのことを走馬灯のように思い出して、自然と涙が出ていました。

20年以上、関東以東の高校が単独優勝しておらず「西高東低」と言われて久しい高校ラグビー界ですが、18回目の出場となった花園で御所実業(奈良)を23－14と逆転で下し、初めて単独優勝することができました。ようやく風穴を開けることができたと感じると同時に、「桐蔭ファミリー」や多くの人のおかげで、優勝できて嬉しく思いました。

桐蔭学園ラグビー部にとっては7度目の花園の決勝、そして２０１０年度に東福岡(福岡)との両校優勝から数えて9年で4度目の決勝の舞台でした。

前半は3－14と劣勢でしたが、前半の終盤に相手がミスしたので、「後半、最初の10分でトライを挙げることができれば勝つチャンスがある」と思っていました。

ハーフタイム、選手たちに「どうしたらいい？」とたずねると、「キックを蹴らずにもっとボールを繋いだ方がいい」と言ってきました。私も前半の最後はボールを繋ぐことができていたので、選手たちと同じ考えでした。結局、選手たちが、桐蔭学園ラグビー部が伝統とする「継続ラグビー」を貫いて、

第99回全国高校ラグビー大会決勝、御所実業を下し、悲願の単独優勝を果たした

後半に3トライを挙げて逆転で白星を飾ることができました。

全国大会で優勝する、最後に勝ち切るには何か一つ欠けても成し得ないですし、通り一辺倒のことをやっても勝てないと今までの経験で身にしみていたことでした。スタンドオフ伊藤大祐キャプテン(早稲田大学2年)を筆頭に生徒たちと一緒に、花園で起こりうるすべてのことを想定して最後までやり切ることができました。100%の準備をすることができたので、勝つことができたと思っています。

今から思えば、それまでは準備が足りなかったのかなと思います。私のマネジメントの問題ですが、「ここまででいい」という思いだったり、99%の準備だったりしてはダメでした。花園に行ってから何かを変えようとしても、結局、何もできないので、大会前までに生徒たちには「100%の準備をしよう」とずっと言ってきました。それを大会でやり切ることができたので、初の単独優勝という結果につながったのだと思います。

やはり、花園で、初の単独優勝は素晴らしい景色でした。優勝して生徒たちを迎えられるのは監督冥利に尽きました。花園に来てから長い間、単独優勝に届かなかったですし、もう無理かな……と思ったときもありました。ノーサイド直後、いろんな感情がよみがえってきましたが、やはり素直に嬉しかったです。

約30年の指導歴を振り返ると単独優勝まで「ちょっと長かったな……」という気持ちも正直ありました。もしかしたら「もう二度とうちに優勝は転がりこんでこないかな」という思いがよぎったこともありましたが、「花園の神様」が桐蔭学園ラグビー部に微笑んでくれたのかなと思います。

翌シーズン2021年の1月、コロナ禍の厳しい状

況の中でも開催された100回目の記念大会となった花園で連覇を達成することができました。

長かったようであっという間だった、指導者となって約30年の道のりを振り返ってみたいと思います。

2015年度の花園は齋藤直人を擁し決勝へと進んだが、東海大仰星（大阪）に惜敗

◆誰にも何も言わせないような力をつけないといけない

まずは単独優勝までの5年間ほどを振り返ってみたいと思います。

2015年度は、花園予選決勝で東海大相模に勝利し、全国大会の切符を獲得することができました。そして花園でも順調に勝ち上がり、5度目の決勝進出を果すことができました。

相手は2013年度にも決勝で相まみえた東海大仰星（大阪）でした。その時は敗れてしまったのですが、この代には「桐蔭学園史上最高のスクラムハーフ」と感じていた、現在日本代表でも活躍する齋藤直人(東京サントリーサンゴリアス)がおり、ボール継続が武器でアタック力のあるチームでしたので、「今回こそは……」との思いで挑みました。

決勝戦は前半が終わって17－19と2点ビハインドで折り返しました。ハーフタイムに選手たちの顔を見ると、「矢印を自分たちに向けている」と感じました。

後半、先に東海大仰星にトライを取られて点差が開いてしまいました。それでもプロップ石田楽人(NECグリーンロケッツ東葛)の2トライで追い上げましたが及ばず、31－37で敗戦。またしても単独全国制覇を逃してしまいました。

そこで実感したのは、やはり全国大会が花園で開催される限りアウェイなのは仕方がない。もっと誰にも何も言わせず勝つように力をつけなければいけない……ということでした。

◆試合の状況に近い練習に取り組んだ

2016年度、オーストラリア遠征を敢行しました。ただ、その頃は、海外遠征に行くことに少々疑問を感じるようになっていました。なんとなく、海外から教わるだけでなく、コーチングスタッフで考えて、発信していくことが重要なのではと考えるようになっていたからです。

やはり、ニュージーランドのスーパーラグビーチームやオールブラックスはやっていることの次元が違います。オーストラリアで見るならリーグラグビー（13人制）です。ボールを大きく動かす方法などはヒントにもなりますし、スキルが高いのでいい勉強になります。

桐蔭学園ラグビー部はドリルばっかりやっている学校だと思われがちで、ドリル中心の練習に主眼を置いていた時期も確かにありましたが、それも若干変えることにしました。ドリルだけでは上手くならないと感じるようになり、もっとゲームに似たような状況を練習に取り入れないといけないとバージョンアップさせています。

練習では「ここがターゲットだ」ということも毎回選手たちに話をしています。当然、それを実戦につなげないと意味がないので、ちゃんと逆算してやるようにしています。また、ただ違うことを新しくやっていくだけでなく、基本プレーにしてもドリルにしてもそうですが、普段やっていることのレベルを上げてくことにもこだわっています。

練習の中で、だんだんスキルアップできるようなドリルも必要ですし、その逆の、試合に近いような練習も必要です。今日は状況判断が必要な練習をやってみて、できないのであれば少しレベルを下げて、それでもできないのであればさらにレベルを下げて……といったように、やはり選択肢は必要です。

こういうことが臨機応変にできるかが、おそらくコーチの力量につながっているのだと思います。同様にやっているチームが果たしてどれだけあるのか——。他の学校の練習を見ていると、どの学校もみんな練習はすごく上手い。ただ練習上手な選手を作っているだけの可能性もあるのでは、と思っています。むしろ、練習が上手くいかなかったときは、それはレベルに合わない練習なのかもしれない。そうだったらその練習はもうやめたほうがいいし、もう少し続ければ改善が見られるようであれば、多少我慢してでもやった方がいい。その判断がコーチの力量だと思います。

また個々の選手を見て、初心者なのか、ティーチングが必要なのか、コーチングが主でたまにティーチングが必要なのかを見極める目も大事です。最後はもうトップ選手になると思いますが、選手がいまどういう段階にいるのかを判断して指導する必要があります。時期的なものも含めて、どの位置にいる選手にはどういう手段でアプローチしたらいいのかを考えることも大事です。

◆春は優勝するものの花園では大阪桐蔭に連敗し涙を呑む

2016年度は、キャプテンのナンバーエイト山本龍亮(セコムラガッツ)が引っ張ってくれました。春の選抜大会は東福岡に17－33で敗れて準優勝でしたが、神奈川県の花園予選決勝では慶應義塾高校を17－14の接戦で破って全国大会出場を決めました。

花園でも準決勝まで勝ち上がることができましたが、またも東海大仰星に21－29で敗戦。それでもベスト4に進出し、Aシードとしての責務を果たすことができました。

2017年度の花園はそれまで負けたことのなかった大阪桐蔭に敗戦。勝てるだろうとおごりがあったのかもしれない

翌2017年度、春の選抜大会で優勝し単独チームとして日本一に輝きました。春の選抜大会ではその後、18年度、19年度も優勝し、3連覇を達成することができました。

ただ17年度の花園は、準決勝で大阪桐蔭に7－12で敗戦したのは、我々スタッフも含めて選手にもちょっとおごりがあったかもしれません……。この年、最後は「ファイナルに進出して、優勝する」という大きなターゲットを掲げていました。キャプテンのプロップ細木康太郎（帝京大学4年）を準々決勝まで休ませました。細木がその準々決勝で爆発して3トライを挙げて調子が上がってきたところで、その先、トントンと勝ちたかったところではありましたが、負けてしまった。

大阪桐蔭にそれまで負けたことはなかったのですが、今から考えると、当時の大阪桐蔭は強いチームだったので、もう少しやり方を変えておけば良かったと後悔しています。当時、東海大仰星、東福岡を我々スタッフも選手もターゲットにしていて、大阪桐蔭というチームに対してそこまで注意を払っていなかったことは反省点でした。

また大阪桐蔭戦が準決勝の第2試合目だったので、アップの最中に行われていた第1試合目の戦いを気にしてしまった。今考えると選手も含めて目の前の相手に100％集中できていませんでした。そういうのも影響したのかもしれません。

またその翌年の2018年度の花園の決勝、キャプテンはスクラムハーフ小西泰聖（早稲田大学3年）の代でしたが、大阪桐蔭に24－26で負けたのも痛かったです。春の選抜大会では我々はチームとして出来が良かったので、優勝することができました。しかし「冬はちょっと苦戦するだろう」ということも想定していま

小西泰聖がキャプテンを務めた2018年度は決勝で大阪桐蔭に24-26で敗戦

した。結局、その予想通り最後に大阪桐蔭に、最後に逆転されてしまいました。

◆ミーティングで「チームを壊した」ことが功を奏した

そして冒頭で述べた通り、2019年度、キャプテン伊藤大祐の代で、花園で初めて単独優勝を収めることができました。

2019年度、単独優勝したチームは特にミーティングが長かったと思います。この数年の経験もあり、優勝するためには99%の準備ではダメなので100%で準備をしようとしたからだと思います。

積み上げてきたものが前年度のチームと同じになってしまうと自分たちの代でも同じことをやらなければいけないことになってしまう。そこで2019年の春の選抜大会の準々決勝・東福岡戦の前に、意図的にチームを壊しました。昨年度までのやり方を踏襲するのではなく、自分たちで考えようということで、試合前日でしたが2時間くらいミーティングをする中で、前年度の代のように相手を分析して戦うのではなく、自分たちの強みで勝負しようと決めて、翌日の試合は67－21で快勝しました。

ライバルの一つであり、全国的な強豪の東福岡にここまで得点を挙げたことは過去にはなかったはずです。この試合で勢いに乗り、春の選抜大会は優勝、そして夏の7人制ラグビーの全国大会、花園と結果的には「3冠」につながったと思います。

◆「安定は衰退という言葉と一緒」「創造と破壊」

私は人と同じことをやるのがあまり好きではありません。周りからは安定して成績を出せと言われていますが、ある企業人の言葉に「安定という言葉は衰退という言葉と一緒」とありますが、まさにその通りだと思っています。

マンネリが嫌なので、毎年チームのどこかに新しいもの取り入れるように心がけています。もしくはすでにできあがっているものを壊したり、多少アレンジしたりと調整しながらやっている感じです。

大事なことは創造と破壊の繰り返しだと思います。そうしないと、我々スタッフももちませんし、生徒に考えることをさせないといけないということは、我々スタッフはもっと考えなきゃいけない、倍以上考えなきゃいけないという気持ちでやっています。

たとえば選手たちのフィジカルを強化したいと考えて、2017年度からは母校である日本体育大学のレスリング部監督で、オリンピックに出場したこともある松本慎吾さんに頼んで、レスリングのスパーリングをやってもらっています。7人制ラグビーの大会を行っている春から夏にかけてくらいの時期です。

ほかにも2019年度のチームは、自分たちよりフィジカルが強い相手に対しての戦い方に課題がありました。その克服のために大学に練習に出かけ、よりコンタクトの強い大学生とトレーニングをさせていただき、強化を図りました。

5〜6月の間に、田中澄憲監督（当時／現・東京サントリーサンゴリアスGM）にお願いして明治大学に2回行かせてもらいました。また花園に行く前の12月上旬、岩出雅之監督にお願いして帝京大学にも行きました。そして最後には仕上げで木村季由監督に頼んで、東海大学にも稽古をつけてもらいました。

帝京大学の岩出監督は、本当にいろんなタイプのチームを用意してくれました。東福岡のようなボールを展開するチームだったり、大阪桐蔭のようなFW中心に当たってくるチームだったり、その2つを混ぜてくるチームだったりとそれぞれに特徴のある3チーム用意していただき、本当に懇切丁寧にやっていただいたので、その成果がでたのだと思います。

岩出監督は「最後はフルコンタクトでどうだ？」とか、「何かちょっと掴んできたやろ？　掴みそうなとこで止めた方がええ」とか、「ここをやるとケガするから止めておこう」など、そういった配慮を様々な場面でしてくれます。最後、すっきりして終わりたいというところを見逃さず、絶妙のタイミングで終える。やりすぎない一歩手前で止める。岩出監督は、本当に選手の表情をよく見て観察していますし、声かけも含めて指導が上手い。選手たちだけでなく、私もいつも勉強になっています。各大学の学生たちも高校生の練習相手をするにあたり、嫌な顔一つせず、いろんなことを教えてくれました。そういった取り組む姿勢がすごいなと思いますし、学ぶことができました。大学生の選手たちと練習することができて、コンタクトもスピードもスキルも全部上がったと思います。そうして一つ一つ階段を上っていけたのかなと思います。

◆相手をリスペクトして戦うとは？

2019年度の花園でも試合をするにあたり、「相手をリスペクトしよう」という発言が選手から出ました。そこで「リスペクトってどういうことなのか？」と聞くと「ラグビー部だけじゃなくて学校全体も知ることも大事だ」という結論に至りました。

こうしたことはこの大会になって初めてやった試みでした。2回戦で対戦した長崎北陽台戦前こそ資料を作りませんでしたが、長崎北陽台はかつて決勝まで進み、同じ神奈川の相模台工業高校（現・神奈川県総合産業高校）と対戦した歴史があり、その前の年度もベスト8まで進んでいましたので、公立で部員が少ないとかは関係ないなどの話をしました。

また3回戦の県立浦和高校（埼玉）との対戦の前には、私が資料を作って、浦和高校には文武両道を意味する「尚文昌武《しょうぶんしょうぶ》」という校是があることだったりとラグビー以外の特徴や校風などを提示しました。生徒からは「文武両道を成し遂げ、ここまで来ている浦和高校はリスペクトすべきだ」という言葉も出てきました。

さらに準々決勝の大阪桐蔭戦では、生徒の一人にパソコンを使ってスライドを作って説明してもらいました。桐蔭学園には「探究」という授業があり、部員の2年生2人がたまたま私のゼミの生徒で、上手く作ってくれました。同じく準決勝の東福岡戦の前にもスライドを作ってもらいました。

そして決勝戦の前でも御所実業はどんな高校か、そして名将・竹田寛行監督はどういった経歴の人物なのか、ということを調べて、相手をリスペクトして臨んだことがいい結果につながったと思っています。

◆20年度のチームは、経験はないがFWに強みがあった

桐蔭学園ラグビー部は2019年度に初の単独優勝を収めることができました。しかし翌20年度は、コロナ禍の影響で、春の選抜大会も夏の7人制ラグビーの全国大会も行われることはありませんでしたが、それでも花園で連覇を達成することができました。

もともと、20年度のチームはラグビーの一面である球技的なところで、フットボーラーみたいな選手は少ないと感じていました。また前年度のキャプテン伊藤大祐のような、チームの芯になる選手やボールを持ったら何かやってやろうという曲者もあまりいませんでした。前年度は、チームとして懐が深いというか、これがダメだったらこっちがいいのでは、という正解をすぐに導きプレーするような選手がいましたが、20年度はそういう選手もいませんでした。

チームとしての試合経験も、個々の選手のキャリアもあまりなかったので、かなり苦しむとは想定していました。ですが、逆にキャプテン佐藤健次（早稲田大学1年）、ロック青木恵斗（帝京大学1年）、プロップ田中諒汰などがいてFWがサイズアップするので、その選手たちがオフロードパスなどのスキルが使えたらもう一つ上のステージに行けると思っていました。

そんな中、関東の新人大会は決勝で國學院栃木（栃木）に大差で勝つことができました。ただ佐藤、青木の2人はいけるかもしれないけどその他の選手は成長にちょっと時間がかかる、さらに進歩しないとダメだということが確信に変わった大会でもありました。そのため私の中でパフォーマンス・コーディネーターの手塚一志さんのトレーニングを導入しようという考えに至りました。

野球の指導でも有名な手塚さんと初めてお会いしたのは15年くらい前になります。手塚さんの指導を受けていた元日本代表センターの立川（理道／クボタスピアーズ船橋・東京ベイ）選手の動きなどを見ていて、その指導理論に興味がありました。「どこかで一緒にやれたらいいな」とはずっと思っていました。

手塚さんが提唱する「操育プログラム」は、すべての運動、競技に必要な動作だという仮説に基づいて確立されたトレーニング理論です。手塚さんの工房が私の家から10分ぐらいのところにあり、興味があったので、その年の1月に体験してみました。実際にやってみて「これはちょっと面白い、いけるな」と思っていました。

「操育プログラム」は選手の体のキレやクイックネスを上達させる身体操作のトレーニングです。「芯・キレ・ムチ」という3つのキーワードがあり、15種類ほどの動きがあります。この3つのキーワードと動きが重要で、「芯」は体の回転軸のことで、「キレ」は体の動き、そして「ムチ」は腕や足の柔軟を大事にした、しなりのような動きのことです。

最初は伊藤と青木を連れて行ったのですが、伊藤は身体操作がかなり気に入った様子で、早稲田大学に入学する前に、私が知らない間に15回ほど通ったそうです。伊藤は最初からできていましたが、青木は最初上手くできなくて手こずっていました。

手塚さんは交流が広いし、プロ野球の一流選手たちも指導しています。また競技に合わせて、いろんな動きを考えたり、提案もしてくれたりします。ラグビーでも動きの基盤の定義にもなって面白いので、21年度も続けていますし、練習の最初に取り入れたりしています。

◆コロナ禍でも「3本柱」を続けた

2020年2月の関東大会の試合を見て、間違いなく「操育プログラム」は部として導入した方がいいという結論に達しました。手塚さんに相談すると冬に向けてすぐにでも取り掛かった方がいいということでした。ただコロナの影響で3月に部活動が停止となってしまい、対面ではできなかったのですが、4月上旬からオンラインでやり始めました。

まずチームの中軸である青木、佐藤、秋濱悠太(明治大学1年)、榎本拓真(青山学院大学1年)の4人から始めることにしました。そこからFWの選手など8人、16人、32人と増やしていって、2年生は7月以降、1年生は9月以降になってしまいましたが、102人の部員全員に受けさせることができました。

部員の中には当初、「一部の選手が何かおかしいことをやっているのでは?」という感じになっていましたが、同時に平行してウエイトトレーニングやミーティングもやり続けていました。ミーティングはメンタルコーチの布施努先生の提案もあり、オンラインで続けていましたが、やはりオンラインではリアリティーに欠けてしまう部分があったかなと思います。

学校から強化指定クラブは6月の第2週から週3回、グラウンドで練習をしてもいいと許可が出て、その後は1週間ずつ週4日、週5日と増えていきました。ただ、学校側にどういったコロナ対策をしているのか、練習内容などの報告義務もありました。

自粛期間中は前田励文ストレングスコーチと話し合って、オンラインでウエイトトレーニングやフィットネストレーニングを課していました。ただ、トレーナーによると自粛期間明けは選手たちの体脂肪がきっと増えているだろうということだったので、まず選手たちの体脂肪を測定してみました。すると試合ができる状況だったのが佐藤キャプテンと青木の2人のみで、他の選手は数値的に全然ダメでした。

前田ストレングスコーチから少し体重を減らさないといけないというアドバイスを受けたこともあり、自粛期間が明けてしばらくは長距離を含めてランニングを増やしました。ラグビーのトレーニングも含めてゼロベースの状態からの仕切り直しでした。

フィットネスに関しては、桐蔭学園ラグビー部では「クロックラン」と呼んでいる持久走、たとえば20分間走とか25分間走を少しずつ練習に入れていきました。ただ放課後の練習は完全に選手たちが下校するまできっちり2時間という規定があり、時間的に限られていたので、6～7月にかけての3週間、計10回の練習を少しやったかなという程度の感じでした。

高校年代の選手たちにはトライアンドエラーが絶対必要だと思っています。ただコロナ禍による自粛期間は試合どころか練習もできなかったので、成功体験や失敗体験がないのが大変でした。指導者としてもできることが限られ、歯がゆく苦しかったことを覚えています。そんな中でもできることを考え、メンタル、ストレングス、それから土台となるモビリティー、つまり身体操作の3本柱をずっとやり続けていました。

モビリティー、身体操作は自粛期間中からずっと取り組んできて、神奈川県予選の準々決勝の前には、選手たちの体のキレが凄すぎたので、これは逆に危ないのでは……と手塚さんに相談したくらいです。選手は十分に動けているので、しばらく止めてみましょうということに落ち着きましたが、そうしたら神奈川県予選の決勝戦は逆に動きがよくなくなってしまいました。

◆苦戦した神奈川県予選決勝

20年度、東海大相模との花園をかけた神奈川県予選の決勝戦では、選手たちに「僅差になるだろう」と話していましたが、予想通り19－17と接戦になりました。

大学入試のためFWのキーマンであるフランカー粟飯原謙が出場できませんでした。プロップ田中諒太は少しコンディション不良でしたが先発させました。スクラムハーフ伊藤光希（立教大学1年）、スタンドオフ今野亮平（当時2年）、インサイドセンター中優人（立教大学1年）という組み合わせは、やはり失敗だったかなと思います。もうちょっと12番の位置から中がリードしてくれるかなと思っていましたが、そうはいきませんでした。

問題だったのは、いきなり前半10分で2本トライを取ることができて、1本トライを返された後、相手ゴール前に攻めたときにPGを狙わず、得点を取れなかったことでした。一番まずいパターンに陥っていて、選手たちのおごりも出ていたと思います。キャプテンの佐藤健次を中心に「なんとかして勝とう」という気持ちを前面に出して戦っていましたが、そのあたりをもう少し、どうにかすることができなかった。

だから、当日はあえて何も言わず、数日して落ち着いた後に、佐藤キャプテンを筆頭にリーダーやプレイメーカーだけを呼んで、「前半でPGを狙わなかったシーンは、どうすべきだった?」と尋ねてみました。そうすると彼らは「ショット(=PG)でした。しっかり入れていけば点差がついて、もう少し楽に戦えました」と話しました。

あの時もしPGを入れていれば1トライ1ゴールの7点でも逆転されない点差になります。だから私も他の選手たちもPGを狙うと思っていたら狙わなかった。彼らのエラーでしたし、同時に私たちのエラーでもあったかもしれません。結果的に、花園に向けてトーナメントで大事なのはやはりそういうところではないかという共通認識を選手たちと持つことができました。

神奈川県予選決勝後、コロナの感染症対策を優先として、常にマスクをしながら練習をしていました。花園に向けて合宿することはできなかったがですが、日川(山梨)、流通経済大柏(千葉)、そして常翔学園(大阪)と練習試合やることができました。ケガ人もなく、徐々にビルドアップして、花園に向けてコンディションを整えることができました。

12月上旬に行った常翔学園との練習試合では、ロスタイムに桐蔭学園がトライを決めて引き分けでした。常翔学園の選手たちは、強かったことももちろんですが、その大前提として、大阪から桐蔭学園のグラウンドまでの移動だけでも大変だったはずなのに練習を含めてとにかく楽しそうにやっていたことが印象的でした。その様子にうちの選手たちは衝撃を受けたようで、ものすごく刺激になっていました。

常翔学園の野上友一監督は「楽しいのが一番やな」と笑っていましたが、改めて指導者としての器の大きさを感じました。個人的にもいい勉強になりましたし、いつまでも野上先生から教わることが多いと思いました。

◆花園で連覇できた要因とは

コロナ禍の花園は100回目の記念大会だったので史上最多の63校が出場して行われました。そのため桐蔭学園は8つのシード校に選ばれましたが、久しぶりに1回戦からの出場となりました。

花園で連覇できた要因は、青木、佐藤が強みを持っていて、それを最大限に発揮できたことが大きかった。ただ神奈川県の決勝では彼らの独り相撲だったので、チームとしての出来は良くはなかった。2人には「人を活かしながら目立つのはいいが、なんでスペースがあるのにボールを運ばないのか」と問いました。花園に来て、彼らがそれを理解して変わったことが優勝することができた一番の要因になったと思います。

FWは個々に強力な選手がいましたが、BK陣にはてこ入れが必要でした。神奈川県の決勝でフルバックだった秋濱が全然ボールをタッチしていなかったので、すぐに替えようと思い、Bチームでいいプレーをしていた選手をメンバーに入れました。その年の2年、3年生でフルバックを任せることができる選手がいなかったので、ディフェンスには目をつむり1年生の矢崎由高(現在2年)を花園からフルバックに起用しました。

スクラムハーフの伊藤もグンと伸びてきて、ケガから復帰した中がSO、榎本がインサイドCTBとなり、3年生でフロントスリー(10、12、13番の総称)が固められ、アウトサイドCTB秋濱も含めて、この4人の3年生でゲームを作れるようになったことは大きかった。また榎本も前年度の花園を経験していましたし、秋濱も前年度全試合出場しているというところで、経験値という部分ではアドバンテージがあったかなと思います。

もともと花園は伊藤、中のハーフ団で行こうと思っていましたし、最後は「この2人しかいない」と腹をくくりました。中が花園前の練習試合でケガをして出遅れていたので、大事な試合に出場できないと困るので我慢して、花園では3回戦から起用しました。

伊藤は、少し不安定だったので神奈川県予選では控えから出した試合もありましたが、花園の大会を通して一番伸びた選手だと思います。

花園での序盤は、布施先生に呼ばれて毎日、ハーフ団の5人の選手で1時間半から2時間くらいだったでしょうか、ミーティングをしていました。大会の中盤からは、練習が終わった後に伊藤は自分から「今日は16時半からやります！」と時間を決めてミーティングをしていました。

また、チームとして、最後に来てゲームの理解力も上がり、伸び率が高まったということではないかなと感じました。基本的なことと応用を繰り返しながら、最後にグッと伸びていく、私がイメージしていた理想の形でした。

◆大事な1試合目の茗渓学園戦に快勝し勢いに乗った！

どの大会でも初戦は、その大会を左右するので重要だと考えています。2018年度の初戦は長崎北陽台戦でした。やり合うにはすごくいい相手で緊張感もありました。そこをしっかり勝ち切ったことが、その次の試合以降が楽になりました。

20度の花園初戦の相手は茗渓学園（茨城）でした。茗渓学園は大会前の練習試合で東海大相模（100回目の記念大会だったため、関東の2位チームのブロック予選を勝ち抜いて花園に出場）に快勝して自信を持っていたと思いますが、私たちも12月に入りチーム状態は良くなり、チームは随分変わっていたと思います。決してやさしい相手ではなかったですが、そういった相手に自分たちの力をアピールできて、すごく選手の自信になりました。

2回戦の日本航空石川（石川）戦は、前半は負け試合のような内容（6－0）でしたが、終わってみれば37－0で無失点に抑えて勝つことができました。正直言うと茗渓学園と日本航空石川は同等か、日本航空石川の方が強いかもしれないと思っていました。

準々決勝からレベルが上がってくるので、その前の3回戦・仙台育英（宮城）戦は一番、伸びるチャンスがある試合だなと思い、スタンドオフの中をこの試合から起用することにしました。

選手たちも仙台育英戦に向けてすごく分析しミーティングをしていました。宮城県大会から花園での2試合を見ても、おそらくコンタクト勝負で負けることはないだろうと思いました。そのためここでスタンドオフの中を復帰させるのが一番いいと判断したのです。

仙台育英に快勝して迎えた準々決勝は、前年度の決勝で対戦した御所実業（奈良）との一戦だったので、自然と選手たちのモチベーションも上がっていました。やはり柔軟に戦わないといけないと思っていましたし、相手には私が見た中で、今大会1番のフルバックだった安田昂平選手（明治大学1年）がいました。

かなり厄介だなと思い、選手たちに「どうするんだ？」と聞くと、「キックを蹴って相手にプレッシャーをかけたいと思います」と話していました。実際に、キックを蹴ってターンオーバーし、そこからトライにつながったので、自信になったのではないでしょうか。

また相手の武器であるモールで2トライもあげることができたし、自分たちのやりたいことが全部できた試合になりました。計8トライを奪い、50－7と完勝。この試合でいい勘違いをしたのかもしれません。

◆原田キャプテンの代の試合映像を見て覚悟を決めた

準決勝は40－12で大阪朝鮮(大阪)に勝利することができました。そして決勝の相手は、初優勝を狙う京都成章(京都)が相手となりました。準決勝から決勝まで2日間あるので、もうミーティングを止めようという話になったのですが、結局毎日、午前と午後に映像を見てミーティングをしていました。

スタッフサイドとしても「もういいだろう」と思っていました。正直に言うと、最後はネガティブなミーティングになっていました。

そこで2017年度、52期のフッカー原田衛(慶應義塾大学4年)がキャプテンのときの準々決勝、京都成章戦の試合映像を見せました。雪が降っても雹が降っても、それでも自陣から覚悟を決めて攻めていました。そして「先輩を見てどう思う？　覚悟を決めてやるとか何とかって言っているが、覚悟を決めるとはこういうことを言うんだぞ」と言うと、選手たちみんな「やばい、やばい！　すげえ、これとかどっから攻めているんだよ」と夢中になって話していました。

今、改めて原田の代の試合を見て「すごいな。どうしてこのチームが負けてしまったのだろう」と思いますが、選手たちに「このチームとやったら勝てないだろう」と聞くと、「勝てないですね！　1番、2番、3番がやばいです。特に3番！」と言っていましたね。選手たちは先輩たちの映像を見て、覚悟を決めたと思います。

◆「負ける雰囲気は正直なかった」決勝戦

京都成章は、昨年度のチームは選手が大型化して、逆に動けなくなってしまっていましたが、この年の

決勝戦、後半のトライはチームとして目指してきた理想的な形で決めることができた

チームはシステム自体あまり変わっていませんが、しっかりと動けていいラグビーをしていました。このままいけば初めての優勝も近いチームの一つだと思います。

前半終了間際、スクラムハーフ宮尾昌典選手（早稲田大学1年）のトライで10－10の同点に追いつかれてしまいました。もう少し時間を稼いでタッチに蹴れば良かった。「相変わらずやってくれたな……」と思いました。

しかし、ハーフタイムに選手たちの表情を見ても明るかったし「どこにスペースがあるかわかるか？」と聞いてみると、選手たちから「横と前にあります」とすぐに返答がありました。

前半から相手は、ディフェンスで前のめりになっていたことに選手たちは気づいていたので「横のスペースを取るためにアタックラインは深めにし、外まで

記念すべき100回目の「花園」を制し、史上9校目の花園連覇を達成

持っていこう」と確認しました。

そして後半、「最後の30分を楽しんでこい！」と送り出しました。流れからいうと、負ける雰囲気は正直なかったかなと感じていました。相手のセンターが突っ込んでくる中、どこまで外に振れるかなと思っていましたが、後半5分で相手の足が止まったこともあり、予想以上に上手く攻めることができました。

決勝でのアタックは、地道にやってきたことが最後に出たと思いました。特に後半2トライは、ボールの勢いを止めない、我々が目指してきた形でした。「こんなにきれいに出るのか……」という感じで、昔、サニックスワールドユースで対戦した外国勢がやっていたような理想的なアタックだったと思います。

こういったアタックは、チームとして全員が理解していないとできません。15人が連動していました。1人目くらいのサポートはどのチームでもできると思います。ただ2人目、3人目、4人目と動くのはなかなかできません。春の段階で手塚さんが映像を見せながら「花園の準決勝、決勝となると3人目、4人目と連動して動かないと勝てない」と話していましたが、まさしく、その通りになりました。

まず2人目、3人目が連動して動かないと、相手にジャッカルされそうになり、反則（ノット・リリース・ザ・ボール）になってしまうことが多い。選手みんなが、どこにチャンスがあるかという意識を共有し、ポジションにこだわらず連動しないといけないのでFW、BK関係なく、手塚さんのトレーニングを受けた成果が出たと思います。もしかしたらトップリーグでも、ある程度限られたチームにしかできないかもしれない。それくらいチーム全員が意識を共有してできるようになったのだと思います。

かつて相模台工業が達成した花園連覇を成し遂げて、改めて選手たちはすごいことをやったと思いました。これまで相模台工業のOBは必ず「桐蔭学園は花園で連覇はしていないだろ?」と言っていましたが、今後は「追いつかれた」と言うでしょうね。個人的には松澤友久先生、日原修先生が成し遂げた偉業に並ぶことができたので嬉しかったです。

花園連覇は達成しましたが、コロナ禍だったので優勝した際に行う神奈川県知事訪問などのイベントごともなかったですし、学校に特別に報告することもなかったので、個人的には特に心境の変化はありませんでした。

◆花園で桐蔭が見せたカウンターラック

2020年度、連覇を達成した花園では「桐蔭学園のカウンターラック」が良かったと外からはよく言われますが、結果的にそうなっただけで、ディフェンス練習で、特別にカウンターラックだけをしているわけではありません。ディフェンスでは普通にタックルなど少人数のドリルから、もちろんシステムのところまで、実際に試合に近い状況を想定して練習しています。システムの練習では6対4とか8対6とか12対10などをやりますが、12対10の練習にいくまで結構、時間をかけています。常に段階的にやり、徐々にゲームシチュエーションに近づけることは意識しています。

こういった練習はグラウンドの半面くらいでやるので、サボるような選手が少なくなります。12対10でもグラウンドの半面でしかやらないし、8対6だったらさらにその半分、20~25mくらい四方のエリアになると思いますが、とにかく寝ている選手、サボる選手が極力いないような状況になるように意識して練習しています。

でも例年に比べたら、コロナ禍の影響で、まったくやってないとは言いませんが、ディフェンスのシステムを構築する時間は少なかったと思います。たまたま花園で、試合を通してできるようになっていったという感じです。だから特別試合前にカウンターラックを狙うように指示をしたということもありません。

ただ普段の練習では、どういうタイミングのときにどういう判断をするのかというのは教えています。相手のアタックがショートラインやミドルライン、ワイドラインなどありますが、どうしてそのアタックをしているのか、どういうアタックだったらカウンターラックが狙いやすいのか、どういう状況だったらカウンターラックにいけるのかなど問いを立てて指導しています。

とにかく1人目の選手がタックルをしっかり決めて、相手を、時計だったら12時の方向に倒すことに注力しています。3時とか9時の方向、つまり真横に倒してしまったら、たぶんターンオーバーはできません。他にはどれくらい相手のアタックに食い込まれているかで、カウンターラックにいくか、いかないかを判断します。

逆に、あまりターンオーバーにこだわってしまってラックに多くの人数をかけてしまえば、ディフェンスの人数が足らなくなってピンチを迎えてしまいます。もし、ラックにプレッシャーをかけたら、相手の9番(スクラムハーフ)に対しても同じくプレッシャーをかけて、球出しを遅らせないといけない。

桐蔭学園ラグビー部では、ラックで相手のボール出しを遅らせることを「キル・ザ・タイム」と呼んでいますが、相手のラックにプレッシャーをかけたなら、そういったところまで仕事をしないといけません。

2020年度の花園は結果的にアタックだけでなく、ディフェンスも良かったという大会になりました。コロナ禍だったため、もう少し、アタックだけにフォーカスしたり、キックオフを工夫してきたりと特化してくるチームが出てくるかなと予想していましたが、どのチームも例年ほど練習時間をとれず、オーソドックスだったかなという印象でした。

やはりコロナの影響で試合数や練習時間が少なかったので、個々の選手の伸び幅が小さかったと思います。だから花園でできあがっている選手が少なかったという感じを受けました。逆にいうと、今後、大学以降に伸びシロを残した選手が多くいるのではと期待しています。

◆メンバー外の選手がどうチームにコミットするか

20年度の花園は、コロナ禍でグラウンドには観客がいなかったですが、それでも優勝は心から嬉しかったです。選手たち、そしてドクターも含めて桐蔭学園のスタッフがそれぞれの役目をしっかりと果たしてくれました。

同大会は規定として、選手、スタッフも合わせて40人しか花園に来ることができませんでした。そういった中で、学校に残った選手たちは、しんどい練習をしている中、毎試合前動画を送ってくれました。受験を控えている3年生もたくさんいたのですが、彼らは文句を言わずに下級生たちと一緒に練習していました。さらに「しっかりやれよ」と練習で引っ張っていたという話を聞いたときは本当に嬉しかったです。彼らには頭が上がりません。

本来はメンバー外の選手も花園のスタンドで応援し、大会を見届け、次の年に切り替えられるのですが、今回はコロナ禍の大会ということで、なかなか切り替えることができませんでした。

だから決勝戦後のミーティングはオンラインも含めて、3年生全員が参加してやりました。横浜に残った選手が一言ずつ言っていって、花園にいたキャプテン、バイスキャプテンが話して、我々スタッフも「お疲れさま」と言い、締めくくりました。

メンバー外の選手たちがどうやってチームにコミットできるか、そしてチームにおける役割は何だろうとか……と考えることもよくあります。

花園に行く前にも、メンバー外の選手たちには「申し訳ないけど全員は連れていけない」とは伝えていました。メンバーが30人で、スタッフが4人となると、残りは6人しか連れて行くことができません。分析をしたりアドバイスをしたり、下級生の面倒を見たりするので6人全員を3年生にしてもよかったのですが、6人のうち3人は3年生、2年生が2人、1年生を1人にしました。メンバー外でも有望な選手に花園を経験させるという意味で、桐蔭学園ラグビーがずっと続けてきたことなので花園に来られない3年生には「理解してほしい」と話しました。

3年生は、例年に比べたら試合が少なくチャンスがあまりなかったかもしれないですが、熱量のある代でした。私は試合だけでなく、アタック&ディフェンスなどの練習でチャンスを与えて、学年に関係なく結果を出した選手を起用するようにしています。花園のメンバーに入れるかどうかも学年に関係なく基本的に実力で判断していますし、それがずっと桐蔭学園ラグビー部の伝統になっています。

佐藤健次

55期キャプテン／早稲田大学1年

高校進学を決めるときに「花園で優勝したい！」という気持ちがあって、「どこでラグビーをやれば一番成長できるのか」を考えました。いろんな選択肢がある中で、藤原先生に声をかけられたこともあって、最終的に「自分が成長できて花園でも優勝もできる」と思い、桐蔭学園に進学することを決めました。

中学時代はあんまり考えてラグビーすることはなかったですが、高校に入学してから一番衝撃を受けたのは、すごく考えてラグビーをしていることでした。例えば、前を見て判断してプレーすることは、今となっては普通にやっていることですが、高校入学時はあまりできず、高校ラグビーは難しいなと練習で感じていました。

ディフェンスも最初はシステムから入って役割がだいたい決まっている。高校1年時、それを覚えるのは大変でした。またどこでボールを奪うためにカウンターラックを仕掛けるのかも考えさせられました。試合中で全員が判断して仕掛けるのが桐蔭学園のスタイルでした。

高校1年の最初の頃は自分のプレーよりシステムを通りにプレーすることに集中していました。高校1年の花園が終わり、高校2年生になったときは、少しゆとりができてきて、少しずつプレーの幅が広がっていきました。

毎年、選手に合わせてチームを変えるのが藤原先生の凄さだと思います。例えば自分が1年生の時は大きくボールを横に振り続けるという攻撃をしていて、高校2年、3年の時あまりボールを振らなかった。結局、高校3年の自分たちの代は、花園では大きくボールを動かしましたが、やはり、その代によりアタックの方法を変えるのはすごいと思います。

藤原先生からは高校3年間で、いろんな言葉をかけられました。1年生の時は本当にディフェンスができなくて、前に出るだけが仕事でした。だから花園の準決勝の前に「お前はもうボール持って前に出るだけでいい」と言われました。自分がやることはボールを持って前に出続けることだということを再確認させてもらい、そこからプレーが徐々によくなったので、この言葉はすごい印象に残っています。

高校2年時はあまりプレーが良くなかったので、タックル面で教えられることが多かったです。高校3年では「自分と(青木)恵斗(帝京大学1年)が、ボールを持ち過ぎると良くない」と言われました。多分、その言葉がなかったら、花園でも自分たちだけでアタックをしすぎていたと思います。チームの幅を広げるっていう面でも藤原先生のその言葉は自分の中ですごく重みがありました。先生の言葉がきっかけで、プレーや気持ちの部分が変わっていったことが多かったです。

高校時代、印象に残った試合が2つあります。1つ目は高校1年生の県大会の準決勝・関東学院六浦戦で反則をたくさんして落ち込んでいました。そこを先輩方が声をかけてくださり、立ち直ることができ決勝戦でいいプレーができた。メンタル的にも強くなったので、すごくキーになる試合でした。もう1つは高校3年の夏合宿の東福岡戦です。ミスが多く、自分のせいで負けたような感じでした。ミスすると成長せざるを得ないので、印象に残っています。

花園に向けては、高校3年時、神奈川県大会の決勝が終わった後が一番危機だと感じていました。過去2年間は花園予選決勝では自分たちのやりたい形が見えてきている状況でしたが、コロナ禍の影響で試合経験が少なく自分たちの形がまだ曖昧でした。FWコーチである金子先生にも、日頃の練習で、チーム全体のあるべき姿などいろいろアドバイスを受けて、日々、自分のラグビーノートにも書いたりして改善していきました。

自分でやりすぎるとチームがいい方向に回らないと感じていました。チームには青木や中山大暉(慶應義塾大1年)ら軸となる選手がいたので、他の選手に仕事を任せてみたり、春先までは自分で指示を出していたりしていましたが、途中からスタンドオフの中優人(立教大学1年)、今野椋平(高校3年)などに任せて、自分の役割を少しずつ減らすと自分のプレーに集中できました。

花園に入っても、試合ごとに選手を入れ変えることは自分も初めての経験だったので、試行錯誤でした。それでも、大きく選手を変えられる藤原先生の判断も良かった。僕らの代は、コロナ禍で全国大会は花園しか開かれなかったですし、100回大会で優勝するというのは、高校入学時から目標として決めていたので、最終的に優勝で終われて良かった。

桐蔭学園の強みは、全員が考えてプレーするところかなと思います。藤原先生が言ったことをすべて真に受けるのではなく、藤原先生が言ったことでも自分たちが考えて「違うな」と思ったら、それを切り捨てた。そして「自分たちは何がしたいのか」「自分たちに合うアタックはどういったものか」「どういうディフェンスをするのか」などを考えて、全員が同じベクトルを見てプレーできるところが強みです。

他にも桐蔭学園で学んだことは数多くあります。今後、これから自分がどのポジションでプレーするかわかりませんが、高校時代に培ってきた基礎に忠実なプレーはすごく大きな土台になってくる。その土台の上にこれからのプレーなどを上手く積み上げていって、高いピラミッドになればいいのかなと思っています。

© 早稲田大学ラグビー蹴球部

さとう・けんじ
2003年生まれ、神奈川県横浜市出身。4歳の時に群馬・高崎でラグビーを始め、中学時代は横浜ラグビースクールでプレー。桐蔭学園進学後は1年から花園に出場し、2年の時にはU17日本代表で主将を務めた。高校2年、主将を務めた3年時に花園で連覇を達成。早稲田大学1年、ポジションはNO8。

伊藤大祐

54期キャプテン／早稲田大学2年

藤原先生と一緒にラグビーをしたことだけでなく、桐蔭学園で過ごした高校3年間は本当に楽しい思い出です。福岡から神奈川の桐蔭学園への進学を決めたのは、直感的なものが大きかったのです。実際に入学すると、先生や友達含めいろんな人との出会いもあり、ラグビーでも関東の強豪大学との練習を経験できたことなどもあり、今は本当に「桐蔭学園に通ってよかった！」と思っています。

練習も特に大変だった記憶もなく、新しいメニューが多くて楽しくて、苦にはなりませんでした。週1回の休みの日も友達と遊んだりもしてしっかりとリフレッシュもできていましたね。1年生ではアウトサイドセンターとして13番としてAチームでプレーし、2年でフルバック、3年生でスタンドオフとのびのびやらせてもらいました。

藤原先生とあまり話すことは多くなかったと思います。「お前が考えているようにやれ」という感じで任されていました。だから、僕は先生に怒られたことも褒められたこともあまりないですね。たまに「あそこのプレーは違うな」とボソッと言われたりすることはありましたが、それが僕へのメッセージだったと思います。

ただ、高2ぐらいからスタンドオフとフルバックで両立している中で、一番ボールをもらう人が前に出てほしかったのだと思いますが、藤原先生に「お前はランがないとつまらない」と言われたことは印象に残っています。そこから「一試合に一回はラインブレイクしよう」と常に考えてプレーするようになりました。

キャプテンとなった高校3年生の春、選抜大会の予選リーグの最後試合だった大分東明(大分)戦で全然良くない試合をしてしまいました。準々決勝の相手は東福岡(東福岡)だったのですが、ホテルでミーティングすることにしました。

今から思えば、僕たちはあまり深く考えず、なんとなくミーティングを始めました。その時、藤原先生が「このチーム、このままだとよくないぞ。何か変えないといけないんじゃないか？　お前らのチームで何か作り上げたくないのか」とおっしゃられました。

確かに、前の代のキャプテン小西泰聖(早稲田大学3年)の代のときのミーティングをそのまま踏襲してやっていました。藤原先生に「ミーティングも変えた方が良いだろう。昨年度、あれだけやっても負けたのは、それでも足りなかったことがあるから変えるべきじゃないか」と指摘されました。

前年度の代は、結構、細かく相手の分析をしていましたが、僕らの代のミーティングでは決め事をシンプルにしました。ディフェンスでは、相手のロングパスは長いから、タイミングを合わせて前に出ること、アタックではボールキャリーする選手がドンドン前に出るという感じでした。シンプルにしたら返ってみんなの意識が引き締まって勢いがついた気がします。

藤原先生はよく「崩壊」という言葉を使われますが、春の選抜大会でチームを一回崩壊させて、自分たちで考える時間をくれたことで、初めてチームがまとまることができました。自分たちでミーティングの仕方を変えたことがきっかけで、一気に花園の優勝まで行ったような気がします。

花園では高校3年間で3位、準優勝、優勝という結果でした。全部優勝するよりも、なんかすごく味のある濃い3年間だったなと感じました。おそらく藤原先生も同じことを考えていたと思いますが、ずっと何か足りない、足りないという気持ちで過ごした3年間たったかなと思います。

最後は花園で桐蔭学園史上、初めて単独優勝できたとき、珍しく、藤原先生が泣いていたので驚きました。僕たちは僕たちの目標でやってきただけですが、そこで初めて藤原先生に恩返しできたのかなと思います。これから先でも活躍して、もっと恩返ししないといけないのですが、花園決勝で1つ返すことできて良かったです。

花園で優勝できた要因は、やはり「100%の準備ができる」環境を藤原先生らコーチ陣に作ってもらったことが大きかった。高校生だけではタイムスケジュールをうまく作れません。だから藤原先生たちは、ここはミーティングする時間、練習する時間、寝る時間という感じで全部考えてうまく組んでもらい、すべてに集中することができたからこそ準備が100%できたと感じています。

中学時代の自分はそんなに凄い選手でもなくて「日本代表になってやろう」という気持ちもありませんでした。ですが桐蔭学園に進学して先生やクラスメイトも含めていろんな人がいたので、意識改革されたことがラグビーにも活きたと思います。

それから「疑問を持つこと」を学びました。高校の時「常に疑問を持ちなさい、考えを持ちなさい」ということは言われてきたので、大学になっても、どんな練習でも「なんでこの練習しているんだろう?」というのを考えてから「こういう状況って使えるな」と状況をイメージして練習ができています。

大学では、まだまだ藤原先生に胸を張れるような結果を残せていませんが、まず、早稲田大学で大学選手権に優勝し、その後はプロのラグビー選手になって、日本代表としてワールドカップを目指していきたい。そして、今後の自分の人生にも桐蔭学園で学んだことを役立てていければと思っています。

©早稲田大学ラグビー蹴球部

いとう・だいすけ
2001年生まれ、福岡県久留米市出身。大阪体育大学ラグビー部出身の父親の影響で6歳から競技を始めた。同時に柔道も習っていたが小学4年生からラグビーに専念。桐蔭学園高3年生の時は主将としてチームを牽引し高校3冠(選抜、7人制、花園)を達成。早稲田大学2年、ポジションはSO、FB。

小西泰聖

53期キャプテン／早稲田大学3年

本当に桐蔭学園で藤原先生と過ごした3年間はあっという間でしたし、本当に濃い時間でした。

東京・葛飾区の出身で、中学校まではベイ東京ジュニアラグビークラブでラグビーをしていました。きっかけとしては藤原先生に声をかけていただいたこともありますが、中学3年時の夏休みに一度練習に参加してみて「ここでラグビーがやりたい！」と強く思って桐蔭学園に行くことを決めました。自宅から通うと、片道2時間くらいかかっていたのですが、それ以上に桐蔭学園でラグビーをすることに魅力を感じていました。

中学時代はスクールでしかラグビーをしていなかったので、高校で部活動としてラグビーをすることが初めてでした。毎日ラグビーができることに興奮を覚えて、本当に毎日、学校に行くのが楽しみでした！　中学まではスタンドオフでしたが、高校からスクラムハーフに転向したので、パス練習を朝やっていました。練習は大変でしたが、当時からフィットネスはわりとあったのでついていけたと思います。

高校1年から試合には出させてもらいましたが花園に入ってからは、控えで出るようになっていました。高校2年になると、また先発で出られるようになりました。

藤原先生は、もしかしたら人によるのかもしれませんが、答えを教えてくれないというか、ヒントしか与えてくれなかった。そういうところが藤原先生らしさというか、魅力だと思いました。教科書通りにプレーして、それがうまくいったとしても面白くない。

逆に、アレンジが効きすぎちゃうと一回ちょっと教科書通りにやってみようとなる。常に選手がいろいろとチャレンジできるようにしていたのかもしれません。

僕個人を主体で考えた時に、どこで自分の強みを発揮するかも考えました。どこで走ってトライを取りきるかとイメージしたときに、その1フェーズだけで考えるのではなく、2フェーズ、3フェーズ先でトライを取るイメージを持つことも教わりました。

メンタルトレーニングとして布施先生にも来ていただきました。個々の選手が思っていることを言わないことが、多分、一番、チームスポーツにおいてダメなことです。布施先生に教えていただいたことで、たとえ言わされていたとしても、自分の意見を発言することはすごく大事だと感じました。また僕ら選手だけでミーティングをしているだけよりも、布施先生が入っていただいたミーティングの中で成長し、チームとしての形を作っていくこともできました。

個人としては、高校3年時の大阪桐蔭との選抜大会決勝は一番集中していた記憶があります。もちろんどの試合にも集中していますが、一番、ゾーンに入っていました。チームとして良かったと思う試合は、花園の準々決勝の天理(奈良)戦、東福岡(福岡)との準決勝です。試合前の準備からすごく良くて集中力もありました。決して全部が上手くいったわけではないですが、試合中の修正もうまくいったので印象深いです。

桐蔭学園時代の思い出はいろいろありすぎるくらいです。本当にもっと桐蔭学園でラグビー教えてもらいたかった。以前まではただただ楽しかったラグビーを桐蔭で過ごす3年間でとにかく面白いと思えるようになりました。それからラグビーをもっと見るようになりましたし、動画にあるようなステップとかパス、キックが凄いというよりも、自分がスクラムハーフだからかもしれませんが、試合の流れに注目するようになりました。

かつてはスピードを活かしてランで抜くことを強みにしていましたが、高校時代は自分が試合全体をコントロールする能力を徐々に身につけることができたことは成長できた部分かなと思います。スピードあるランと、ゲームコントロールの両方を身につけることは、今までに日本にはあまりいなかったスクラムハーフの形ですし、僕の強みになるところなので、今後もその両立を頑張っていきたいです。

桐蔭学園で過ごした3年間は本当に楽しかったし充実していました。「今日、練習嫌だなあ……」と思った記憶はほとんどありません。家が遠くて、朝は眠くて体がついていかなくても、心が行きたがっているから、身体が勝手に動いて学校に着いているみたいな感じでした。

藤原先生には感謝しても感謝しきれません。今でも「今、何してる?」と連絡をいただきます。僕が悩んでいる時、桐蔭学園に足を運びますが、そういう時もグラウンドに快く受け入れてくれて 話を聞いてくださいます。

失礼かもしれませんが、藤原先生はみんなのお父さん的存在だと思います。卒業したらそれで終わりじゃなくて、全員の動向を気にかけて「今、何している?」とか声をかけてくださります。そこまで気に掛けてくれるのは藤原先生しかいないので、本当にありがたく思っています。

将来のキャリアプランとしてはラグビー選手としてワールドカップに出場することが目標ですし、東京五輪を見ているとセブンズでオリンピックに出たいという気持ちもあります。目指せるところまで上を目指していきたいので、藤原先生には見ていてほしいですね。

あまり上手く表現することはできませんが、藤原先生にラグビーを教わった3年間はどの時間も貴重なものでした。

©早稲田大学ラグビー蹴球部

こにし・たいせい
2000年生まれ、東京都葛飾区出身。父の影響で2歳から競技を始め、小、中学時代は陸上もやっていた。中学校まではSOとしてベイ東京ジュニアラグビースクールでプレーし、桐蔭学園入学後にSHに転向した。2018年はユース五輪の銅メダル獲得にも貢献。早稲田大学3年。ポジションはSH。

TOIN GAKUEN RUGBY FOOT BALL CLUB

第2章

桐蔭学園高校
ラグビー部の
指導者になるまで

◆普通の野球少年だった小中時代

私が神奈川県の桐蔭学園の教諭になり、ラグビー部のコーチになるまでの話を少ししたいと思います。私が桐蔭学園に赴任する前、1980年代の神奈川の高校ラグビーは相模台工業高校(現・神奈川総合産業高校)一色だったと思います。相模台工業は公立校ながら花園に16回出場し、1993年度、94年度には連覇を達成し、一時代を築いた名門でした。他にも慶應義塾高校、法政大学第二高校、東海大相模高校も切磋琢磨しているという時代でした。

そんな私が日本体育大学を卒業し、桐蔭学園にコーチとして赴任したのが1990年のことで、その後2002年に監督に就任しました。

もともと私はラグビー少年ではありませんでした。両親がラグビー経験者や愛好者ということもなく、ラグビーとは無縁の小中学校時代を送っていました。東京都北区田端出身で、読売ジャイアンツファンの普通の野球少年でした。小学1年から家の近くのチームに所属し野球を始め、中学校でも野球部に所属していました。

しかし中学2年のとき、通っていた公立中学校の体育館が工事することになり、その影響でグラウンドも使用できなくなりました。そのため野球以外のスポーツをせざるを得なくなりました。バスケットボール部にも誘われましたが、小学校時代に児童館で卓球を経験したことがあり、やってみたら案外、楽しかったのを覚えていたので、中学最後の1年間は卓球部に所属していました。

中学時代、野球部の活動が中途半端に終わってしまったこともあって「野球をやってももう遅い。今からでは甲子園は難しいな。高校では芯の通ったスポーツがやりたい。経験がなく、ゼロからスタートするには何のスポーツがいいかな」と思うようになっていました。

そんなとき、家でたまたま花園を目指す全国高校ラグビー大会東京都予選の決勝、大東文化大第一高校と私立目黒高校(現・目黒学院高校)の試合を目にしました。この試合は、途中まで大東文化大第一高校がリードしていましたが、最後に負けてしまいました。東京都で優勝した目黒高校はこの年、花園で決勝まで進みました。

当時の東京都の高校ラグビーは保善高校も強かったのですが、「保善高校の練習はなんとなくきつそうだな。大東文化大第一高校ならなんとか練習についていけるかな……」となぜか思ってしまいました。家からも比較的近かったため、大東文化大第一高校に進学してラグビーをやることを決めました。実は中学校の先生にも、短距離走が得意でスピードがあったためラグビーを勧められてもいました。

◆副将として花園を制覇した高校時代

大東文化大第一高校のラグビー部に入った頃、当時の生徒から見れば監督やコーチは偉い人で、みんな神様みたいな存在でした。当時チームを率いていた名将・神尾(雅和)監督は入学当初は優しかったですが(苦笑)、夏合宿に入ってからガラッと変わりました。神尾監督は、あとから保善高校出身者と聞いて、「まずいな」と思ったことを覚えています。

練習は厳しく、とにかく走ってばかりでした。ただ今から思えば「よく考えてラグビーをしていた」と感じるシーンもありました。また当時にしてはハイパントキックやサイドアタックで攻めることが多かったと思います。

同期にはキャプテンのナンバーエイト平岡正樹、スタンドオフ青木忍(いずれも大東文化大→リコー)、一つ下の学年には右プロップに小口耕平といった、のちの日本代表になる選手が多数いる潜在能力の高いチームでした。

高校3年時にはキャプテンが平岡で、ウィングだった私がバイスキャプテンを務めていました。神尾監督らコーチ陣の指導もありましたが、選手たちみんなで話し合いながら「こういうチームになろう、こういうラグビーをしよう」と考えてつくり上げていった部分は、多少はあったかと思います。

私が高校3年だった1985年からは、花園は「1県1校出場」方式が毎年開催で定着し、大東文化人第一高校は、同じく東京都の代表・本郷高校(東京都は高校数が多いため2校出場可能)と花園の全国大会決勝でぶつかりました。東京決戦を8－0(当時、現在の5点と違ってトライは4点)で制し、初優勝を飾ることができました。

このときの大東文化大第一高校はFWが強く、スクラムもパワフルでした。しかも5試合で相手に1トライも許さなかったディフェンスも良かった。でも全国大会で優勝したのは運が良くて、たまたまいいメンバーに恵まれたところもありました。当時は今とは違って東日本の高校が強く、この大会の準決勝に進んだ残りの2校は相模台工業、熊谷工業(埼玉)で、史上初めて関東勢がベスト4を独占しました。

また私のひとつ上の代が、子どもの少ない、いわゆる「丙午の代」で部員が少なかったという事情もあったのではないかと推測しています。いずれにせよ、多くの選手が高校2年時から試合に出場することができ、2年生のときから花園出場を経験していたため「精神的に余裕があった」ことも、優勝という結果に結びついた要因になったかと思います。

また大東文化大第一高校は神尾監督、部長だった岩村剛治先生(故人)、望主幸男コーチの指導が人間形成に重きを置いていたこともあり、私生活の指摘も徹底していたことも後の、私の人間形成にとっては大きかったです。

普段から「ダラダラしていたらそれがラグビーに出る」とよく言われましたし、ラグビー以外の点でも怒られることも多かったです。未経験者の私にとってはラグビーの基礎も教わりましたが、ラグビー以外の普段の生活態度に対する教えは指導者になってから活かされていることが多いと思います。またミーティングも長かったですし、人間としてこれから生きていく根幹の部分を教わった気がしています。

いずれにせよ、私にとって、高校で選手として花園優勝を経験したことは、その後の高校ラグビーを指導するにあたり、多少なりともアドバンテージになったかもしれません。

◆大東文化大学ではなく日本体育大学に進学した訳

ただ私の場合、花園の優勝、そして高校時代のラグビー部での成功体験が教師を志望し、高校の指導者になるというきっかけになったわけではありません。また系列の大東文化大学のラグビー部から強く誘われることもなかったため、他にも行く大学はあるだろうと思い、大東文化大学以外の大学に行くことを決意しました。

そんな高校3年のある日、岩村部長に突然、「いくぞ！」と言われて、桜新町で当時の日本体育大学ラグビー部の綿井永寿監督（故人）にお目にかかりました。テストや面接も受け、とんとん拍子で、日本体育大学に合格することができました。

もしかしたら、ウィングとしてプレーしていた私のことを高校の指導者たちは、FWを軸として戦う大東文化大ラグビー部よりも、伝統的に「ランニングラグビー」を誇った日本体育大学のラグビー部のほうが合っているという判断をしてくれたのかもしれませんし、実際、指導者たちの間でそう決めていたのかもしれません。

結局、私は当時の大東文化大第一高校の監督やコーチ陣が日本体育大出身者だった影響も大きく、日本体育大学に進学しました。

◆充実していた日体大ラグビー部時代

私の大学ラグビー生活は、目標としていた日本一になれなかったものの充実したものでした。

日本体育大時代は学長も務めた綿井永寿監督もいらっしゃいましたが、1~3年までは現在、流通経済大学の学長を務められている上野裕一さんがコーチで、4年になった時に柴田紘三郎さんが監督として復帰しました。

今ではありえないことですが、大学ラグビーは、昔はどこも同じで、平日はコーチがいないのが当たり前でした。練習メニューも試合に出場するメンバーも4年生が中心になって全部考えていたので、そういったところで自主性を鍛えることができたと思います。

私の1つ上の代は高校日本代表を経験した選手が多かったですし、また個性的な方も揃い、その代が4年生になったときから、結構、好きにやっていたと思います。最近まで山梨学院大学で監督を務めていた吉田浩二さんがいて、マネージャーに東海大学で監督をされている木村季由さんもいました。

私が大学3年生になると練習がガラッと変わりました。それまでは朝練もやっていなかったのが、上野コーチがオリンピックのレスリング金メダリストを連れてきて、朝練習にレスリングトレーニングを導入し、レスリングトレーニングをずっと年間を通してやり続けました。

普通、シーズンに入ったら練習量を落とすのが一般的だと思います。だけど、当時の日本体育大学はレスリングトレーニングも含めて練習量を落とすことはありませんでした。その結果、疲れがたまってしまい、大事なシーズン終盤に力を発揮できず、大学選手権では3位に終わりました。ただ明治大学に負けましたが、立派な成績だと思います。

現在も、私と一緒に桐蔭学園ラグビー部で指導している金子俊哉コーチは日本体育大学時代の1つ後輩にあたります。大学時代の私のことを「怖かった」と言っているようですが、寮長という立場でもあったので、多少後輩に厳しかったところもあり、しょうがないところかな……と思います。

私は大学3年生から副寮長で、2年生から昨年度をもって仙台育英の指揮官を勇退された丹野博太監督の同部屋の「部屋っ子」でした。1年の頃に他の先輩から「来年、俺の部屋でいいだろう」と言われていたのですが、丹野先輩から「来年、お前は俺の権限で、俺の部屋になるから、わかっているか？　文句あるか？」と言われて、私は有無も言わさず寮長のいる部屋に入ることになり、寮長のラインに来ることになりました。

東海大学で監督をされている木村さんとは1年生の時に同部屋で、それ以来、今でも仲が良くさせてもらっています。大学2年時は、丹野さんとは朝まで話し込んだときもありましたし、いろいろ勉強になりました。同期の中では一番、鍛えられたと思います（笑）。だから、今でも私は何があっても「何それ？」と動じることなく、メンタル的に耐えられたのだと思います。

僕らの代で、日本代表になったのはＩＢＭでプレーしたフルバック福室清美でした。そしてスクラムハーフ駒井正憲、深谷高校の監督時代に何度もチームを花園に導いたロック横田典之（現・熊谷高校監督）が1年生からレギュラーでした。その2人が中心になって仕切っていて、一生懸命チームを良い方向に持っていこうとマネジメントしていました。いま振り返ってみてもいい組織だったと思います。

日本体育大学は関東大学ラグビー対抗戦に属していましたが、現在、立正大学で監督を務めているスクラムハーフ堀越正巳さんやフルバックの今泉清さんと日本代表でも活躍するような選手がいた早稲田大学に対しては在学中の対抗戦の成績は2勝2敗でした。特に、大学3年、4年時には早稲田大学に勝つことができました。しかし大学4年の大学選手権決勝で早稲田大学に14－45と敗戦して悔しかったことを覚えています。

普段から学生たちが中心になって練習メニューから戦い方まで考え、後輩たちも頑張ってくれたおかげで、結束力が高まって、大学選手権で準優勝することができました。

また大東文化大第一高校の同級生や、先輩、後輩がいて、さらにトンガ人の留学生もいた大東文化大学とも対戦して勝つこともできました。大東文化大学に勝てたことは、やっぱり嬉しかった。ずっと交流戦でも負けていたので、一生懸命、分析をやった記憶があります。

◆教育実習で初めて「教員に向いているかな」と思った

教師という仕事に実際に興味を持ち始めたのは大学4年生頃からだったと記憶しています。それまでは、「将来、どうしようかな……」と漠然と悩んでいました。30年ほど前、世の中はいわゆるバブル期で、自分が望めば大手企業でも就職できる時代でした。実際にメーカーに就職するという選択肢もありましたが、内心、「このまま就職して会社に勤めるのは何か違うな」と思い始めてしました。

当時の日本体育大学ラグビー部が強かったこともあり、4年生になって私の卒業後の進路が決まっていなかったため、心配したＯＢなどから、現在はトップリーグ（２０２２年からリーグワン）に所属する社会人の強豪チームも紹介されましたが「自分で探します」と断りました。

その一方で、私は日本体育大学でラグビー部のOBからも教師という仕事の楽しさや辛さなどを聞いていましたが、なかなか実感が湧かず、ほとんどの同級生が教職課程を履修していたため、自然の流れで母校の大東文化大第一高校に教育実習に赴きました。

それまでは特に「教師になりたい」とは考えていなかったですが、実際に教育実習を経て「もしかしたら向いているかもしれない。先生になったほうがいいんじゃないかな」という気持ちが芽生えてきました。

そんなときたまたま日本体育大学ラグビー部に、桐蔭学園高校のラグビー部が指導教員を探しているという話がありました。

当時から「文武両道」を謳っていた進学校の桐蔭学園では、受験勉強などのために高校3年生のラグビー部員が春で辞めてしまうケースも多く、その頃は良くても神奈川県内でベスト8、ベスト4止まりという成績でした。

そこで当時の野坂康夫先生(前校長)がラグビー部をより強化するために、新たにラグビーを指導できる教員を探していたようです。本当に運というか縁というか、私は日本体育大学を卒業すると同時に、桐蔭学園に赴任しました。1年目は非常勤講師でしたが、2年目から専任となりました。

◆高校ラグビー界を支えている日本体育大学出身の指導者たち

今でもそうですが、花園に出場する高校の指導者は私も含めて、日本体育大出身者が圧倒的に多いです。

佐賀工業（佐賀）の小城博総監督、京都工学院高校（元・伏見工業高校／京都）で監督を務められていた高崎利明さん、私の大東文化第一高校の先輩でもあった清真学園（茨城）の元監督・渡辺聡さん、國學院久我山（東京）の元監督で現在は部長を務めている竹内伸光さん、少し上の代に流通経済大柏高校（千葉）の松井英幸前監督、東京高校（東京）の森秀胤監督、國學院栃木高校（栃木）の吉岡肇監督らがいます。

大学の同期では、前述した、現在は熊谷高校（埼玉）の横田監督、2020年度の花園に8大会ぶりに出場した西陵（愛知）の山田和正監督、コザ高校（沖縄）の當眞豊監督、東京農業大二高校（群馬）を指揮していた清水淳一監督、山形中央の指揮官だった松本栄監督らがいました。

私の大学の同期は特に教員になった人が多かったです。全国大会では同級生が率いる高校も多く出場するので、今でもすごく刺激になっています。

大学のラグビー部が強い、弱いではなく、日本体育大学出身の先生が日本のラグビー界にとって、育成や強化という大事な役割を果たしていると思います。「もっと指導者を輩出しないといけない」

とは話し合ったことはあります。ただ、僕らの下の代はあまり高校ラグビーの指導者になっていない印象を持っています。ラグビーを教える人が増えて、選手たちの受け皿が増えないといけないし、指導者も新しい風が入ってこないといけない。

桐蔭学園ラグビー部に挑戦してくるような指導者があまりいないので、どんどんそういった先生が出てきてほしいと感じています。とくに関東で若い指導者にチャレンジしてほしいですし、育成に携わっている限り、指導者も勉強を続けてほしいと思っています。

TOIN GAKUEN RUGBY FOOT BALL CLUB

第3章

花園連覇の相模台工業を下し、初の花園出場！

◆22歳の新卒で桐蔭ラグビー部のコーチに就任

1990年、日本体育大学を卒業、桐蔭学園の体育科の教員となり、同時にラグビー部のコーチになりました。私はウィングでプレーしていたこともあり、主にBKを担当することになりました。

当時の桐蔭学園ラグビー部の成績はだいたい安定していて神奈川県ベスト8くらいで、最高成績はベスト4だったと思います。全国大会出場などまだ難しいレベルで、学校から強化部にも指定されていませんでした。

当時、神奈川県で最強を誇っていたのが相模台工業でした。全国の舞台でも安定した成績を残していて、桐蔭学園が全国大会に出るためにはその相模台工業に勝たなければなりませんでした。正直、「神奈川県で優勝するにはまだまだしんどいだろう……」と感じていましたし、「ちょっとずつやっていこう」と思っていました。

ただ1年目は、花園がたまたま第70回の記念大会だったので神奈川県から2校出場できることになり、神奈川県予選(第二代表)の決勝までいくことができました。決勝では東海大相模高校に大敗してしまいましたが、準決勝で慶應義塾高校に勝って、選手たちは大喜びしていたことを覚えています。

桐蔭学園は内部進学で、中学校からラグビーをしている生徒が多かったので、スキルレベルは高かったと思います。ただ、いかんせん、コンタクトなど痛いことはあまりしたがらなかった。またラグビーの本質的なことはあまりしていなかったですし、ラグビーの原理原則などもよくわかっていなかったのではないかなと思います。

◆金子コーチとタッグを組んで本格指導

私はBKコーチでしたが、1年目から言いたいことは言ってしまうタイプだったので、戦術とか全体的なことも含めて話をしていました。ボールを展開するために、自分の教える分野だけはしっかりやりつつ、FWの中で誰が走れるのかを確認したりしていました。ただ、FWで戦えないとしんどいし、そんなに簡単に勝てないと思っていました。

そのためか当時はどちらかというとBKで勝負する

右腕的存在の金子俊哉コーチ(右)。大学の一つ後輩で主にFWの強化全般を見てもらっている

チームで、FWは弱かったと思います。1年目の東海大相模との決勝戦では、スクラム、モールで40mくらい押されていたと記憶しています。

翌年の1991年には、今でも私と一緒にタッグを組んで指導している金子俊哉コーチも教員として桐蔭学園ラグビー部のスタッフに加わりました。金子コーチは、大東文化大第一高校が花園を制した翌年、國學院久我山高校(東京)のフッカーとして花園を制した名選手で、日本体育大学では私のひとつ後輩です。主にFW担当のコーチとして、今でもFWの強化全般を見てもらっています。

桐蔭学園という学校自体がお坊ちゃん気質だったので、ファイトするとか、勝負するところに関しては弱かったです。コーチになった年から、そういうメンタリティのところを強化することはたくさんやりました。根性練習というところまではいかないですが、少し練習はハードだったですし、一気に走る量やコンタクトの回数も増えたと思います。

◆「打倒・相模台工業」を掲げてモールにこだわる

当時のチームは、桐蔭学園中学ラグビー部からの内部進学者が中心でしたが、高校から入ってきた生徒も数人いました。推薦で1人、2人と入部して来るようになったのは、金子コーチと2人で本格的に指導し始めた頃からでした。

ただ当時の私には指導者として花園に出場するためのノウハウはありませんでした。花園に出るためには絶対王者・相模台工業を倒さないといけない。そのため相模台工業の試合のビデオをどうやったら勝てるか考えながら、毎晩、それこそテープが擦り切れるまで何千回、何万回も見たと思います。

相模台工業の強みはFWと、そのFWをしっかり前に出すための陣地を取るキックでした。そのため「それに対抗する桐蔭学園の強みは何か」と考えつつ、FWを強化しないと永遠に勝てないと思ったのでBKのタックル、キックの精度を上げつつ、土台となるFWの強化を徹底的にやりました。とにかく練習はハードでした。雨が降ろうが雪が降ろうが、どんなに寒くても練習をやっていました。今振り返ると、桐蔭学園ラグビー部史上、一番ハードな期間だったと思います（苦笑）。

新チームになると、ボールを使わないで基本的な体力を上げるトレーニング期間が2ヶ月近くありました。河川敷やトラックで、馬跳びやインターバルトレーニングなどを徹底的にやりました。今の現役の選手たちもできないような内容だったはずです。

また自分たちのモールが強ければ、相模台工業の強みを消すことができると考えたため、ライバルを上回るようにモールの練習も繰り返しました。確か、公式戦で相模台工業にモールでトライはされていないと思います。試合ではお互いに押し合い、オブストラクション（相手のプレーを邪魔してしまう反則）の連続で、つまらないラグビーになってしまいましたが、嫌というほどモールの練習をやった記憶があります。

◆名門・相模台工業に初勝利したものの……

私が桐蔭学園ラグビー部のコーチになって4年目、ようやく努力が報われて初めて相模台工業に勝利することができました。

1993年度の春季大会決勝で、10－6というスコアでした。選手たちは喜びを爆発させていたので、私は「これで秋(の花園予選)は厳しくなるな」と言いました。桐蔭学園の生徒は、今でもそういうところがあるのですが、私学のためお坊ちゃんが多くて、1回勝ったことで満足してしまい、次のターゲットをしっかりと捉えることができなかったのだと思います。

その年の秋、神奈川県の花園予選決勝では、予想通り、春に続いて相模台工業と再戦となりました。終盤まで6－9と接戦に持ち込むことはできましたが、最後に突き放されて6－23で敗戦してしまいました。結果は負けてしまいましたが、私のコーチ時代の思い出となる試合の一つとなりました。

指導者として本音を言えば、今考えても、勝負師だった松澤友久監督が率いている間に相模台工業に勝ちたかった。それでも、だんだん接戦が多くなってきて、うちはまだ花園に行ったことがないにもかかわらず、この試合の前に、松澤監督に「(神奈川県で)優勝したほうが、花園でベスト4に間違いなく進出する」と言っていただきました。このように桐蔭学園のことを見てくれているのを知って嬉しかったのを覚えています。松澤監督に初めて桐蔭学園の力を認めていただいた試合となりました。

実際に松澤監督の予言は的中し、この年度は相模台工業が花園で初優勝を飾りました。松澤監督から日原修監督にバトンタッチされた翌94年度も、神奈川県予選決勝で相模台工業が桐蔭学園に勝利し、花園で見事に連覇を達成されました。また1995年度も相模台工業が神奈川県予選で優勝して花園ベスト4に入りました。

◆コーチ7年目、念願だった初の花園出場

その後、スポーツ推薦で5人程度の選手を獲得することができるようになったこともあり、ちょっとずついい選手が入部してFWとBKのバランスも良くなってきました。一方で相模台工業はいろいろ問題があって力が落ちてきたこともあり、対抗する力をつけることができるようになりました。

1996年度、桐蔭学園ラグビー部は創部から数えて「○○期生」と数える習慣があるのですが、31期生の代でした。神奈川県予選決勝で、創部33年目、私がコーチとなって7年目にして、ライバルの相模台工業を1トライに抑えて25−8と快勝し、ついに花園初出場を決めることができました。

純粋に嬉しかったです。選手で花園に行くのと、指導者で行くのは全然違った印象でした。「結構時間がかかったな。やっと花園に行けるんだ！」と思ったことを強く覚えています。それくらい、当時相模台工業に勝つ、つまり神奈川県で優勝するのは大変なことでした。

当時のメンバーには、東海大学に行った小さなセンター・キャプテンの芝田裕一、のちに日本代表になり今でも桐蔭学園ラグビー部に関わってくれているウィング四宮洋平（現・東京山九フェニックス監督）、高校日本代表にも選ばれたフルバック三国亮太（中央大学出身）らがおり、初出場ながらシードがもらえて、花園ベスト16に進出することができました。

花園での初戦となる2回戦で私の母校・大東文化大第一高校といきなり対戦しました。まさか恩師といきなり花園で当たるとは想像もしていませんでした。巡り合わせというか、なんというか……、だから今でも鮮明に覚えています。

試合は想像以上に苦戦しました。終盤までもつれましたが、キャプテン芝田がスイッチで入ってボールを受け、トライを挙げて29－22で勝利できました。練習試合などではいつも30点差くらいで勝っていたので、選手たちも多少気を抜いていたのではないかと思います。その後は大東文化大第一高校が、だんだん力が落ちてきたこともあり、母校と花園で対戦したのはこの1回きりです。いつか花園で、もう一度対戦できれば嬉しく思います。

続く3回戦で佐賀工業（佐賀）と対戦しました。この試合では四宮が抜けて、元オーストラリア代表のデイヴィッド・キャンピージみたいなマウンテンパスをして、三国が豪快に走ってど真ん中にトライしてゴールも決まって同点になりました。

その時「いける！」と思いましたが、次のキックオフで桐蔭学園がペナルティーをしてしまい、自陣の10mライン右からPGを入れられてしまった。勝つことができたら、決勝で西陵商業（愛知）に負けましたが、準優勝した啓光学園（大阪）と対戦できたのでやりたかった……。

コーチという立場でしたが、初めて花園に出て、やはりしんどいことをやらないと勝てないと痛感しました。全国で勝つにはもうちょっとFWが強くないとダメだろうな……と実感しました。まだそこまで試合のフリー（流れ）は感じることはできていませんでした。きっと、まだまだ指導者としての経験が少なかったですし、そういったことはもう一つ上に行かなければ気づかなかったと思います。

◆桐蔭ラグビー部OBで初めて日本代表になった四宮

初の花園出場、主力だったウィング四宮は、その後、関東学院大学でも1年生から活躍し、桐蔭学園ラグビー部出身で初めて日本代表に選ばれました。日本ではヤマハ発動機、ワールド、近鉄などでプレーし、ニュージーランド、イタリア、南アフリカ、フランスでもプレーしました。彼みたいな選手はなかなかいないですし、これからも出てこないと思います。

現在日本代表で活躍している松島幸太朗（クレルモン／フランス）は四宮のような先輩がいてすごくラッキーだと思います。四宮がいなければ、今、海外で活躍している幸太朗はいないと断言できます。それを幸太朗も感じているはずです。今度は幸太朗が海外に挑戦したいという後輩を面倒見る順番だと思っています。日本だけでなく、南アフリカ、オーストラリア、フランスなどでもプレーを続けている幸太朗も、今ではすっかり海外の情報通となっています。

四宮はいろんな連絡をくれるし、前向きな話をしてくれます。でもワールドカップに出場できず、当時すぐに電話がかかってきて相当悔しがっていたことを覚えています。今では後輩の選手に「日本代表のキャップが取れるなら、取っておいた方がいいぞ。それは将来、自分の道を拓くことになるかもしれない」などアドバイスしてくれています。

四宮は今では起業家として活躍しながらも女子の7人制ラグビーチームの東京山九フェニックスで監督、さらにリーグワンの清水建設江東ブルーシャークスでコーチもしています。桐蔭学園中学からラグビーを始めて、今では英語、フランス語、イタリア語と多数の外国語を話し、海外ラグビーにも精通し信頼できる立派な青年になり嬉しく思います。

◆一度、ラグビー部の指導から外れた時期があった……

その後、10年くらい、神奈川県の高校ラグビーは相模台工業と入れ替わるように、桐蔭学園、法政大第二高校、慶應義塾高校の3つが優勝を争うような時代となりました。

桐蔭学園は1998年度、2000年度も花園に出場し、特に98年度は準決勝で大阪工大高校(現・常翔学園)に22－24で敗れましたが、初のベスト4まで進出することができました。2000年度もベスト8まで進むことができました。

2002年度、37期からは私が監督に就任しました。ただ実は1998年度、桐蔭学園ラグビー部は花園に出場しましたが、私たちは生徒たちの指導をしていませんでした。学校側からも言われたこともあり、コーチングをしたい気持ちはありましたが、私は1年くらい、金子は3年ほど高校のラグビー部の指導から外れていた時期があります。

ただ生徒のコーチングをしていない間は、私はレフリーやったり、ウエイトトレーニング場を作ったり、社会人の練習に見学に行ったり、当時2部だった東海大学に行って木村監督の手伝いをしたり、逆にラグビーを勉強する時間に充てることができました。

◆新校舎とともにウエイトルーム場が完成した

現在、ラグビー部が使用しているウエイトルームは山下大悟(現・日野BKコーチ)やフルバック高忠伸(清水建設江東ブルーシャークス)が2年生で、私がクラスの担任をしていた23年前の1997年、新しい校舎ができると同時に作ってもらいました。清水建設の方とも半年くらい打ち合わせし、夏にアメリカ・ロサンゼルスに行って、1週間くらいUCLA(カリフォルニア大学ロサンゼルス校)などを視察もさせてもらった末に完成しました。

私が大学生くらいの頃でしょうか。1つ上の代の大阪体育大学ラグビー部はFWが強くて「ヘラクレス軍団」と呼ばれていました。その頃からラグビーでもどんどんウエイトトレーニングを重視する流れになっていきました。その後、桐蔭学園に入るとウエイトトレーニング場もなかったので、少しずつ器具を揃えてもらいました。

他の部活動のウエイトルームは別にあるので、今あるウエイトルームは柔道部とラグビー部がメインで使用しています。私がコーチになった当時からウエイトトレーニングを練習に取り入れていきました。

ウエイトトレーニングが足りないと思った選手は現在も自ら朝練習でやっています。そのため、今でもスタッフと分担で、朝7時半にウエイトルームの鍵を開けています。選手はだいたい高校3

年間で、5~10キロは体重が増えています。

栄養に関してはずっと明治さんにサポートしてもらっています。献身的に講義をしてもらって、定期的にアドバイスをもらっています。以前は、一時的に肉を食べない、油を摂らないなどをやったことがありますが、高校生は成長期ですし、結局、締め付けてしまうと食事が1番ストレスになってしまうので止めました。いまは試合前48時間や24時間前は、あんまり重たいもの食べないようにしましょう、炭水化物を多めに摂りましょうといった程度のことをやっています。

今では、もう帝京大学の岩出(雅之)監督も、夜鍋なんて無謀なことはやっていません。もっと違うことがあるだろうという発想です。

加えて、どうして筋肉が必要なのかと考えることが大事だと思っています。FWの選手、たとえば前5人のフロントファイブやBKだったらセンターとか筋肉が必要なポジションもあります。スクラムハーフやスタンドオフは必要以上に食事を摂らせても動き悪くなってしまいます。全員が全員、同じでなくてもいいでしょうという発想が必要だと思っています。

金子俊哉

FWコーチ

國學院久我山中学、高校、日本体育大学でラグビーをやってきて、中学の頃から体育教師になりたいと思っていました。そして大学の就職課で募集を見つけて桐蔭学園の教師となりました。

桐蔭学園のラグビー部は50年以上の歴史がありますが、最初、ラグビー部があることすら知らなかったくらいです。また実を言うと桐蔭学園に藤原先生が先にいることを知り、働くのを辞めようかな……と思ったくらいです(苦笑)。僕が大学の頃、1学年上の藤原先生が寮長をやられていて怖いイメージがあって「一緒にやるのは大変かな?」と思いました。結局そんなことは杞憂でした。

赴任した最初から藤原先生がBK、私がFWと分業して担当しています。当時のラグビー部はまだまだ組織的にも未熟なところがあり、勝たなきゃいけない、強くしなきゃいけないと、2人でゼロから研究していろいろ考えました。

当時は神奈川県には相模台工業というとてつもない大きな壁がありました。花園より、まずは相模台工業に勝つことが目標でした。大きい相手にはまとまって守るしかないと、とにかくモールにこだわり、トライをされない練習を1年間やりました。

そうしたら春に関東大会予選で相模台工業に勝てましたが、それがダメだった。やはりピークは秋ですから、その後の相模台工業がまた強くなり花園予選決勝で負けてしまいました。そこから時期というのは考えるようになりました。

その後、いったん高校の指導を離れて、中学を教えていた時期にはレフリーをやったり、他のチームを見学に行ったりと勉強する時間に充てられたので振り返ったらよかったです。高校の同期にサントリーでプレーしている選手(吉雄潤)がおり、当時のサントリーは海外からコーチを招いた時期だったのですごく勉強になりました。

花園にコンスタントに出られるようになってからは、だんだん欲が出て、出るだけでは満足できなくなりました。ですが、やはり初めて花園に出たことが一番大きく印象に残っています。今はある程度落ち着いて見られるようになりましたし、花園までを逆算し、どのように1日1日を積み上げていくかというのを考えられるようになりました。

高校ラグビーは当然、毎年選手が入れ替わります。だから毎年違うチームを作っているという感覚です。今年はこういう選手がいる、今年はこういったところがいいとか毎年ブラッシュアップしつつ、その年のカラーに合わせています。

でも変わっていないのは走ることです。最初の頃は体の小さい選手も多かったので、とにかくFW、BK関係なく走っていました。それだけは今でもやっていることですし桐蔭学園ラグビー部のカラーかもしれません。

藤原先生は昔からいろいろな情報にアンテナを張っていましたが、その上で一つ一つ芯があった上での判断を下されています。昔は細かいプレーにこだわっていたときもありましたが、最近では本当に全体を見ています。

試合中、私がグラウンドレベルで見ていて、その情報をスタンドで見ている藤原先生に伝えています。20年度の花園決勝の京都成章戦でも、前半はほとんど差がない状態でした。でもみんな「後半はいける！」という一つの確信があり、私や選手が感じたことを伝えると、藤原先生はそれらを受け入れて「後半、1つこうしよう！」と、ちょっとしたヒントを与えたところ、選手が変わった。そういう全体が見えている監督です

コーチングスタッフは、ラグビーに関しては方向性を確認してスタートして、振り返りも反省もしています。ミーティングはしっかりやっているので大きくブレません。また、藤原先生と一緒にオーストラリアのコーチングの勉強したことも大きく、そこで得た共通認識も多いです。

若い頃は経験だけで指導していたのが、勉強し始めてからは新しいものを取り入れたり、その中で精査したものを選手に還元したりしないといけないと考えるようにもなりました。だから昔と比べて、徐々にコーチングスタイルというのも変わってきました。1つの練習を10分、15分刻みぐらいのサイクルで変え、試合でもいろんな場面や局面で対応したり判断したりできるようにしています。

最近では、結局は最終目標、辿り着くところは一緒だろうと思い、練習は選手に任せる部分も多くなりました。特別にリーダーを作るためにやっているわけではないですが、日ごろの練習から状況判断ができるようにならないといけない。またそうしたことが、

選手のリーダーシップを養うことにつながっているのかもしれません。

選手たちは練習が終わっても帰りにラグビーの話をしています。練習であえて課題を残しておきます。できなかったことは悔しいですし、話しのネタになり、個人練習のテーマにもなります。それが自分を立ち返って見られるようなシステムみたいになっているのではないでしょうか。

今後の目標としては、結果はもちろん、もっと成熟したチームを作りたい。桐蔭学園ラグビー部は「いろんな意味ですごい!」と言われるようになりたい。選手たちにはラグビーに限らず、社会に影響を与えられるような人間になってほしい。ラグビーで大成する選手が出てくるだけでなく、いろんな業界で活躍する人間が出てきてほしいですね。

かねこ・としや
1968年生まれ、東京都三鷹市出身。小学校時代は剣道。中学時代はバレーボールをしていたが國學院久我山高校でラグビーを始めた。HOとして花園で優勝を経験し高校日本代表候補にも選出された。日本体育大学卒業後、体育教諭として桐蔭学園に着任し、FWコーチとして現在に至る。

四宮洋平(31期)

元ラグビー日本代表/東京山九フェニックス監督

僕は中学1年から桐蔭学園でラグビーを始めたのですが、高校で花園に出場するというのはその時から目標でした。当時、同じ神奈川県の相模台工業は大きく立ちはだかっている壁でした。

僕が中学3年生の時の、高校3年の代は当時、「桐蔭学園史上最強」と言われていました。しかしそのチームが神奈川県の花園予選決勝で敗れて、相模台工業は花園に出場して全国優勝。そして相模台工業は翌年も花園で連覇を達成、本当に全盛期だったと思います。

それでも僕が高校に上がり、2年の時は、負けはましたが4点差くらいの競った試合になっていました。3年の時は僕らも能力の高い選手が多くなっていた一方で、相模台工業の方は少し力が落ちてきていました。それでも、ずっと負け続けていたので「また決勝でやられてしまうんじゃないか」というトラウマみたいなものがありました。

ただ、その年は今までにないぐらいハードな練習を一年間やり続けました。今まで取り組んでこなかったような体作りとか、今では当たり前になっている栄養学を学んだりもしました。また当時の高校生では珍しく、プロ並みのフィジカルトレーニングを一年間徹底したことが、相模台工業に勝利し、花園に出場できた大きな要因になったかなと思います。それから、とにかくここまで走れるのかって言うぐらいめちゃくちゃ走りましたね。ランパスもずいぶんやりましたね。

神奈川県の予選決勝相模台工業を倒したときは本当に嬉しかったですね！　花園では、ベスト16で佐賀工業に負けてしまいました。全国大会なので強豪校には後に日本代表になるような選手がいっぱいいて、僕たちは強い気持ちもなかったので、キョロキョロと周りを見ていた記憶があります。

今とまったく違いますが、当時、藤原先生は怖かったですよ(笑)。だけど、言っていることはすべて的を射ていたので何も言い返すことができなかった。それに、言われた通りにやったら実際にラグビーも上達していました。

当時の桐蔭学園にはそんなにトップ選手もいなかったので、藤原先生には「地道にプレーするように」と言われていました。ボール持って走るのは得意でしたが、ボールを持ってない時の動きとか、フィールディングとか、テリトリーの取り方など、そういうことを高校時代に教わったことは後になってからも大きく活きました。基礎も徹底的に学びましたし、ラグビーのキャリアで学ばなければいけないことを高校時代に学べたことには本当に感謝しています。

高校卒業してから母校の後輩を、年間を通じて見ているわけではないですが、藤原先生たちの指導については桐蔭学園の結果が物語っていると思います。あれだけ多くの選手を発掘し育てている。やはり信念を持っているからだし、指導もどこからか持ってきたものをそのままやるのではなく、自分たちで考えてオリジナルのものにしています。

そして考えながらプレーしてきた桐蔭学園のOBが、大学やトップリーグ、日本代表でも活躍しているのは嬉しい限りです。

今、僕は「東京山九フェニックス」という女子7人制ラグビーのチームの監督をしています。最初は、ラグビー未経験者の選手もいたので、まったく僕が現役の時代に経験してきたことが当てはまらなかった。だから藤原先生にはチームのマネジメントのところはかなり教わりました。現場でも、僕が教えられないスクラムとかは金子先生に教えてもらったりしました。練習場も近いということもあって、困った時はすぐに駆け込み寺的にサポートしてもらっています。

僕は小学校から高校まで桐蔭学園で学んで、プロのラグビー選手になりました。だから母校が花園で優勝した時、連覇した時、それはもちろん格別な思いでした。そして今もラグビーに関わる仕事をしています。だから何か母校に恩返しをしなければという気持ちはずっとあります。

実際に指導をしているというわけではないですけど、例えば選手が大学やプロのラグビー選手になるのに悩んだ時は相談に乗っています。藤原先生からも、今でも時々連絡があり意見を求められることがあるので、自分のその意見をぶつけるようにしています。そして僕自身は私生活でもラグビーでもなんでも先生に相談させてもらっています。指導者としてもそうですし自分の憧れでもあります。目指すべき人っていうか、会えば常に襟を正さなきゃいけない、僕にとって教科書のような存在です。

僕は桐蔭学園の繋がりで今までやってこられたので、本当に感謝しています。本当に桐蔭学園でラグビー始めてよかったなって思います。

ラグビー界もそうですけど、部活や学校のあり方は、この数年で、大きく変わると思います。だから、その時代に変化し対応して、チームのマネジメントをしっかりと強固にしていかなければいけない。僕もOBの一人としてしっかり支えていきますが、藤原先生しかできないと思うので、先生にはできるだけ長く現場を引っ張っていってもらいたいなと思っています。

しのみや・ようへい

1978年生まれ、神奈川県出身。桐蔭学園中学から競技を始めて高校（31期）で花園初出場。関東学院大時代は大学選手権優勝3回。その後は日本だけでなくNZ、南アフリカ、イタリア、フランスでもプレー。現在は女子7人制ラグビーチーム・東京山九フェニックスの監督を務める。日本代表キャップ3。

TŌIN GAKUEN RUGBY FOOT BALL CLUB

第4章

監督となり全国の強豪校へと成長する

◆再びコーチに復帰、そしてついに監督に就任

1999年度、学校側から「もう一度、やってください」と頼まれたこともあり、私はコーチとしてチームのサポートにつきました。

後にサントリーでもプレーしたプロップ東野憲照、日本代表にも選ばれたフランカー望月雄太(現・東芝ブレイブルーパス東京の採用担当)がいた34期です。しかしこの年は法政大第二高校に決勝で負けて花園に出場することはできませんでした。

2000年度は、再び花園に出場して準々決勝に進出できましたが、日本体育大学の先輩・丹野監督率いる仙台育英(宮城)に負けました。今、早稲田大学でコーチをしているスクラムハーフ後藤翔太の代でした。

花園の神奈川県予選決勝の前に、後藤が「FWがすごく不安だ」ということで、金子にFWを内々に見てもらって、「悪くないじゃない」と自信をつけさせてもらって勝つことができました。花園前の保護者会で、保護者から「金子先生にも一緒に花園に来てほしい」という要望があり、急遽スポットで花園についてきてもらう形で指導に携わって、次のシーズンから金子もコーチに復帰しました。

そして2001年度は準決勝で法政第二高校に負けて花園に出られなかったのですが、2002年から私が監督になり、もう一度まっさらの状態からチームを作り直していきました。

◆信頼が厚い前田ストレングスコーチ

監督になった翌シーズンの2003年からは新しいストレングスコーチとして、現在も指導していただいている前田励文さんを招いて、だいぶ形ができてきたと思います。

前田さんに週1回来てもらうようになったのは、私が監督になって2年目、38期からなので、かれこれ20年近くのお付き合いになります。大学時代のラグビー部の友人の紹介でお会いして、すごく誠実な方だなと思い頼むことにしました。

まず、前田さんには「ベースはこうだ」と講義で説明してもらっています。また、選手によっては個別対応もしてもらい「プラスアルファでやるなら、これをやりなさい」「16、17、18歳にやるべきことはこういうこと」と話してもらっています。前田さんは、ウエイトトレーニングでケガをさせるってことは絶対ない人です。

週3回ウエイトトレーニングの日がありますが、シーズン的なことや状況を見てメニューを決めてくれています。グラウンドで激しい強度の練習をしている時期にウエイトトレーニングで強度の高いことはやりません。前田さんとはやたらに追い込むようなトレーニングをするのではなく、最終的に「高校3年生になった時に自分でウエイトトレーニングもコントロールしてできるようになってほしい」という共通認識を持っています。ウエイトトレーニングに関しても、選手を自立させながら3年間かけてやるという感じでしょうか。

前田さんは、強面ですが、言葉遣いは丁寧だし、ユーモアがあって、練習中や大事な試合の前に面白いことも言ってくれます。そのギャップが最高で、生徒に受けていますね。

◆自分と根本的な考えが同じ前田コーチ

2020年度シーズン、コロナ禍による自粛明けや21年度シーズンも夏休みから2学期にかけても、練習ができない時間があると、前田さんは「イメージとかけ離れているとこがある。以前の重量を挙げようとすると絶対に手首や腰をケガするので、とにかく重量を持たせない。フォームの確認など基本的なことから徹底します」という話をされたので、こちらも「それでお願いします」となりました。

多くの一般的なストレングスコーチは「この重さでできるようにしてください」と言われたら、その通りにやるかもしれません。でも、そうじゃないと思っています。選手によって個人差がありますし、高校生はプロ選手ではありません。だから僕らと考えが同じである前田さんにお願いしているというわけです。

前田さんともう一人、ストレングスコーチとして浜中健次さんにお願いしています。2人は大学生の体を見ていて、よく「あの選手、あの上半身だったら、試合では40分持たないかな。良くても30分ですよね」というような話をしています。

いずれにせよ大事なことはウエイトトレーニングが最終的に競技に、ラグビーにどう活きるかが重要です。だから選手たちには本当にそのトレーニングが必要なのかを考えてやれるようになってほしい。

日本代表の松島幸太朗だって、自分のベスト体重を知っています。自分のスタイルを知っています。昨年度、フランスに行く前も「あまり体重が軽いとコンタクトがきついので、このぐらいの体重ですかね。ワールドカップになるとこのくらいになっちゃうんですけど……」などと言っていました。グラム単位じゃないですけど、0.5キロとかの感覚で話しています。他にも海外のトップ選手にもスピードが武器の選手がいます。筋肉の質が違うので何とも言えませんが、自分の特色が生きてくるベスト体重を知っていると思いますし、自分のプレーが活きるようなトレーニングしていると思います。とにかくバランスが一番大事だと思います。

◆かつての伝統だった砂のグラウンド

私がコーチ時代から、春になるとトラック数十台分の砂をグラウンドに敷いて練習をするようになりました。選手たちは山になった砂を一週間くらいかけてならしていたので練習どころではなかったと思います。

グラウンドに砂をまいたのは、1991年頃くらいからでした。茗渓学園の練習などを見て、グラウンドは土よりも砂にしたほうがいいだろうと思ったのがきっかけでした。最初は手でまいていたので、まける範囲も限られていました。しかも砂は風で飛んでしまうので、飛んでしまってなくなってしまうとまたグラウンドは固くなってしまいます。そこで一気に砂をドカンと入れたのが2004年くらいだったと思います。トラックで60~70台分だったと記憶しています。結構な金額になりましたが、人工芝にするよりかなり安かったと思います。

その後は3~4年おきに、砂をグラウンドに入れていました。一番、最後に入れたのは48期の横山陽介(NECグリーンロケッツ東葛)がキャプテンの代だったと思います。

練習場に砂をまくことで、接点は当然スピードも落ちて安全にできるようになりますし、ケガも少なくなります。また走り込みにも適していたので人口芝になるまで重宝していました。ただし、2015年頃から砂のグラウンドにも疑問を持ち始めました。

私の教え子で、桐蔭学園在学時に陸上部でインターハイに出場するなど活躍し、現在はリジェネ整体・接骨院を経営している菅原武士さんから「砂のグラウンドで走っているせいか、足の使い方がよくないですよね」と指摘されました。その後、改めて走りの専門家の方にも見てもらうと「砂で走っているために足が流れている。ケガにつながりやすい」と言われたこともあり、グラウンドに砂をまくことは止めました。

その後、校内のラグビー部、サッカー部の共有のグラウンドは人工芝化し、そして、主な練習場であるラグビー部専用のグラウンドも２０１８年に人工芝となりました。雨でもパス、キャッチなどのスキル練習ができるようになり、ドロップキックなどもできるので重宝しています。

◆自分たちのラグビーが古いと実感した03年度の花園

私は監督になりましたが、花園で勝つような組織を作るまでには結構、時間がかかったと思います。２００２年度も春夏は調子が良かったのですが法政大第二高校に負けて花園に出られず、２００３年に監督になって初めて花園に出場することができました。ただ、このとき「自分たちのラグビーは古いな」と感じました。

２００３年度は、もう少し上までいけるかなと自信はありましたが、準々決勝で準優勝した大分舞鶴(大分)に10－27で敗戦しました。この敗戦からもっと上に行くには指導方法を変えていかなきゃダメだと気づかされました。

優勝を争うチームと何が違うのか――。その年度優勝した啓光学園と東海大仰星の準決勝(19－

13)の試合はビデオで何回も見ました。その試合を見て、このままやっていたら一生追いつかないだろうな……と正直、思いました。

とにかく、自分たちのラグビーは古かったと思います。啓光学園もそんな体の大きい選手がいるわけでもなく、ただスキルや理解力が非常に高く、コンタクトプレーも激しくやっていました。

特に啓光学園から学びを得たのは組織ディフェンスでした。ディフェンスのチームだったので、ターンオーバーからのトライが非常に多かったのが印象的でした。一人ひとりのスキルも高いし、個々の理解力もあって動きに無駄がなかったことが目を引きました。

東海大仰星が攻めても、攻めても、啓光学園の選手は、結局みんな立ってプレーしている。おそらくあの時、東海大仰星がラックを連取する「ショートラック」のスタイルを流行らせた時代だと思いますが、それでも啓光学園はラックをターンオーバーして一気にそのままトライしたり、キックを蹴ってプレッシャーをかけてトライしたりと攻撃が上手でした。

今でこそ、その映像は流さないですが、一昔前は啓光学園のディフェンスを編集した映像を散々生徒に見せていた時代もありました。花園はトーナメント戦なので、ディフェンスの比重が高くなるので、まずはディフェンスシステムの確立を目指すようになっていました。

◆全国との差を追い求めて海外へ

2004年になり、さらに私は全国トップとの差を埋めるための答えを海外に求めて、ニュージーランドへコーチングスタッフと一緒に研修に行くことに決めました。

OBの四宮もたまたま選手としてニュージーランドにいたこともあり、主にクラブチームの練習を見学しました。「これはできる。これはできない」というのはありましたが、残念ながら、そんなに感化されることはなかったです。

その後はニュージーランドとはコーチングのレベルもさほど変わらないと思い、オーストラリアにチームとして遠征することにしました。桐蔭学園としては2016年まで計7回ほどオーストラリア遠征を行いました。

現在のようなドリルやジャッジメントを大事にしつつ、選手に考えさせるような形で練習をし始めたのは、かつては桐蔭学園中学のラグビー部、現在は女子ラグビー部を指導しているOBの坂詰洋平コーチが、桐蔭学園に生徒として入部した39期生からです。

ニュージーランドやオーストラリアなどいろんなクラブチームの練習などを勉強して、実際にやってみて、少しずつ内容を変えていくなど試行錯誤して、日本の高校生に合うようにアレンジしていったという感じでした。

◆練習時の根幹を成すジャッジメント

ラグビーは格闘技の一面もありますがボールゲームなので、パス&キャッチといった基本的なスキルは徹底しています。5年ほど前からはキャッチ&パスを軸にして指導しています。球技をやるにあたり、ボールスキルはとても大事です。「心技体」では、2番目に来ますが重要視しています。当然、現代ラグビーでは世界的に見てもプロップでもいろんなことができないといけないし、今後もっと進化していくと思っています。

またボールゲームということで、ラグビーではジャッジメントが大きい要素になっています。それでも前述しているようにフィジカルトレーニングやフィットネス、そしてコンタクト練習といったベースを行いつつも、ドリルを中心に練習を組み立てていました。その時に大事にしていたのがジャッジメントでした。

たとえばラック一つをとっても、ラックに入るか入らないか、ラックをオーバーするときにどんなスキル(ジャッジをともなったテクニック)を使うのか、オーバーできないと判断すれば、すぐに次のプレーに備えないといけません。

もともと私が日本体育大学出身で、FWがパワフルなチームではなく、スキルフルで、ジャッジの部分をすごく大事にしていた影響が大きいのかもしれません。結局、ラグビーを指導するときテクニック、スキルと合わせてジャッジを重視しているということが、桐蔭学園ラグビー部のスタイルにつながっていると思います。

普段の練習はその時期にやらないといけないことを考えて、しっかりターゲットを設定し、メニューの中に初級、中級、試合に近い状況である上級みたいなものがあるので、その日の最後のメニューから逆算して選んでいくケースが多いです。

ホワイトボードに貼ってあるメニューは、白がボールスキル系でもディフェンスがつかないタイプ、黄色はボールスキル系でディフェンスがつき始めて、青はFWとBKが混ざり試合の状況に近くて完全にジャッジが入ってくる、そして赤がコンタクト系、黒がフィットネス系という感じに分けています。

100以上メニューがあったときもありますが、正確な数はわかりません。最近使っておらず、僕らの中

教官室のホワイトボードには数多くの練習メニューが貼りだされている

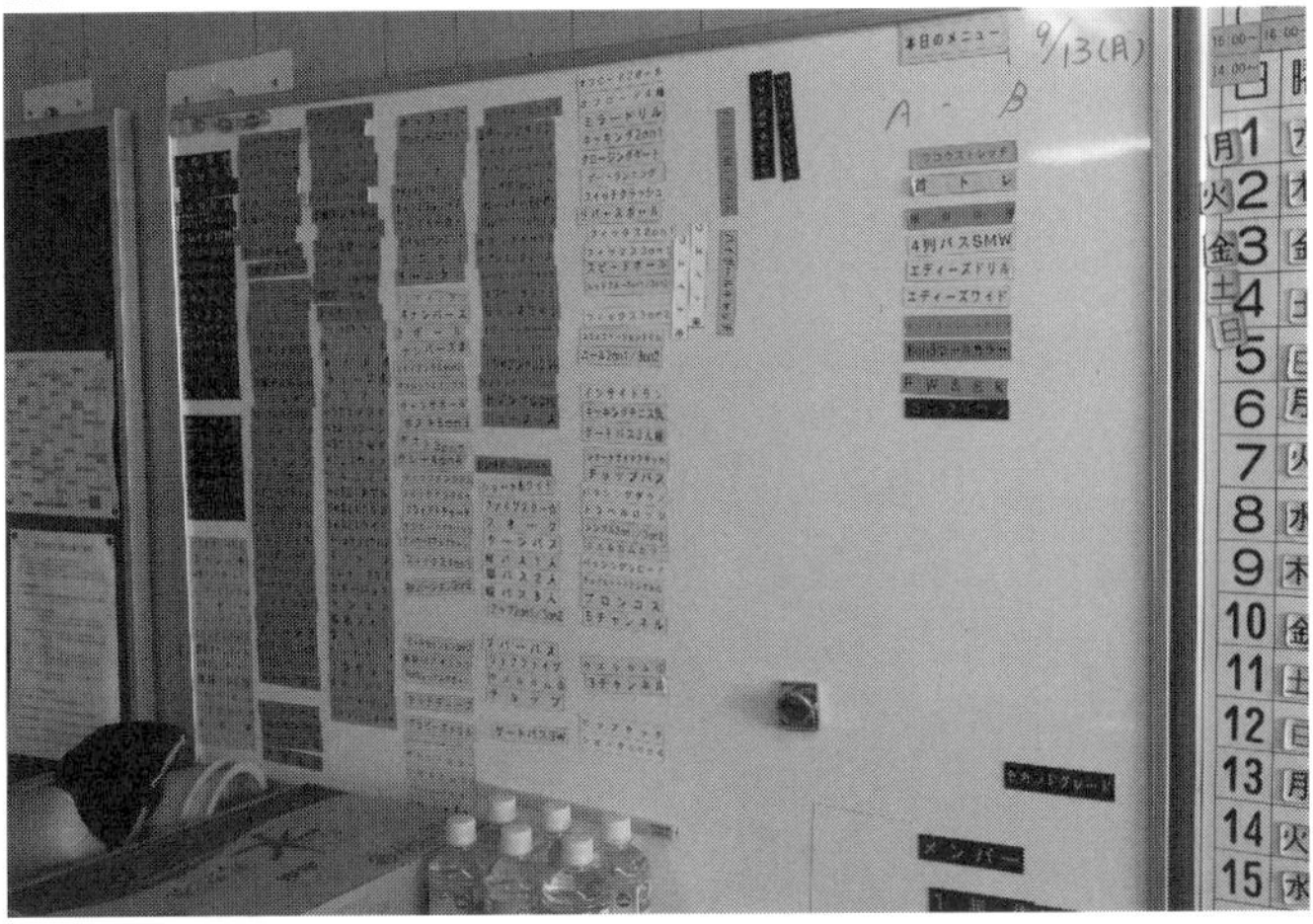

でもういらないというメニューもあります。練習時間が長ければ、落とし込みや説明をして、という感じでできますが、コロナ禍で練習時間が限られている中ではセッティングに時間がかかるわりにあまり効果がないなと思ってやらなくなったメニューもあります。

また時間がないときは僕らがマーカーを置いたりしてセッティングしておきますが、そんなに難しいことでもないので、選手たちでやってもらうときもあります。新しいメニューをやるのは、だいたい3月とか4月といった春が多いです。もちろん、選手の状況を見て必要だと思ったり、変化をつけたりするために、ボードに貼ってあるドリルにないメニューをやるときもあります。

練習のメニューは一つひとつ大事にしていますが、たとえばAという練習があったとしたら、上のレベルをやるか、下のレベルをやるか、今、選手たちがどの位置にいるかという判断するためのドリルを作っています。そして、もしあまり上手くいかなかったらどこまで戻るのか。もし上手くいっても、1つなのか2つなのか、どのくらいステップアップさせるのか。もうダメだとなったらその練習をやらない可能性もあります。

また最後のメニューで、必ずジャッジ系のメニューを入れるようにしています。そのスキルが使えているか、使えていないということより、その選手のジャッジが合っているか合っていないかを私は見ています。もちろん、パススキルやキャッチングスキルも見ますが、それよりもどこに立っているから、どこを狙っているかというジャッジ、判断をすごく大事にしています。

毎回のドリルでのジャッジもそうですが、練習自体もいい練習かどうか選手にジャッジさせます。課題を与えて適応しているか、適応していないのかを判断させて、していなかったらもう一度元に戻るといった繰り返しです。

最終的にはどのポジションに誰が入ってもいいようにしておかないといけません。試合中、形が決まってきれいに取れるトライはそんなに多くありません。もちろん、チームとしてある程度の形は持っていますが、ターンオーバーやミスの後などは、そうではないパターンも出てきます。そうなった時に、どこまでチームとして同調できるか、予測できるか、みんなで反応できるかがとても大切です。そのためジャッジを重視しながら、そういう練習をしています。

練習で100%できたとしても試合中では100%できないかもしれません。試合では上手くいかないことが多いので、上手くいかない状況で選手たちが考えながら、どういうふうに自分たちで対応していくか。相手の状況を見ながら、味方に指示しつつ、いい意味で変化していくというところを見ています。ずっとワンパターンに同じことを繰り返している選手には、「そんなことしたら100点ゲームで負けてしまうぞ」と言っています。

少し、難しいように感じるかもしれませんが、高校1年生の頃から選手たちはやろうとしています。3年生になると、その選手のレベルが高いがどうかは別として、できるようになる選手の方が多いと感じています。

けれど、それを試合で実際に体現できるか、できないか。それをどのレベルでやるか、やれないか。このレベルではできるけど、このレベルではできない……という状況になってしまうと最後の花園のメンバーに残るのは難しくなってしまうかもしれません。

◆その代の強みを活かして強化していかないといけない

2004年度は神奈川県予選の3回戦で慶應義塾高校に負けてしまいました。しかしキャプテンのスクラムハーフ櫻井朋広(元・NEC/現・清水建設江東ブルーシャークス・採用担当)、2年生スタンドオフ宮澤正利(元・ヤマハ発動機/現・早稲田大コーチ)のハーフ団がいた翌05年度は、神奈川県予選を難なく突破することができ、花園でも桐蔭学園として初めて決勝に進出することができました。ただ決勝では伏見工業(現・京都工学院)に12－36で敗れてしまいました。

櫻井は誰よりも一生懸命練習する熱い生徒で、男としても尊敬できる、桐蔭学園ラグビー部のレジェンドのひとりだと思います。

翌06年度は花園の準決勝で東海大仰星に13－40で敗れるもののベスト4に進出することができ、仲宗根健太(現・東京サントリーサンゴリアス採用)の代だった07年度も準決勝で東福岡に10－29で敗戦しベスト4。08年は御所工業・実業(現・御所実業)に3回戦で0－17と負けてベスト16に終わってしまいました。さらに09年度は2度目の決勝に進出するも5－31で東福岡に敗れて日本一になることはできませんでした。

決勝で負けて気づいたことがあります。もちろん、「日本一になりたい」と思っていましたが、ただ「自分たちのやっていることは、まだ古い部分がある、戦術的に凝り固まっていたのかも……」と疑問を持ちました。そういったラグビーをしていたら、選手が伸びないかもしれないと思うようになっていました。

◆「ゴールデンエイジ」の子どもたちを伸ばすには？

私たち高校の指導者は高校3年間、たった3年間ですが、「ゴールデンエイジ」と呼ばれる子どもたちを扱っています。それは一番、最重要な年代だと思いますが、そういった子どもたちを伸ばすためには、何をしたらいいのか――。

やはりその代その代の強みを考えながらも個々の選手を伸ばすように強化しないといけないと思うようになりました。

初めて決勝に行った代は、身長こそ高くはなかったですが、体は横に大きい選手が多かった。何を強みにするかということで、「スタンディングプレーを目指そう」とパス、キャッチの練習を徹底してやりました。あとは試合中、何秒で起き上がっているのかというのをストップウォッチで計り、3秒だとか、5秒とかやって見せたりもしていました。

その翌シーズン、宮澤の代は逆に大きな選手がいませんでした。しかし、チーム全体のスピードが速いのが長所でした。それならばそのスピードを活かそうということで、チームカラーをガラッと変えて、今シーズンは倒れてもいいから、その代わり「クイックでボールを出そう。PからGO（ペナルティーからの速攻）もありだし、速さもテーマにしていこう」と臨みました。

その翌年は仲宗根の代でした。FWとBK的にはどっちも同じくらいだったと感じていましたので、コーチ陣や選手と話してオールマイティーに、スタンダードにどっちもいけるチームを作りました。

こういった感じで高校生のチームは毎年、選手が変わっていきます。同じメンバーで、それが5年も10年も続いてくれればいいですが、そうはいきません。だから高校生の指導は毎年毎年、1年先を見ながらどこを強化していくかということを考えてやっています

またトーナメントを勝ち進むには、やっぱりボールポゼッションも取っていかないといけない。マネジメントしながらディフェンスをしていこうと考えていましたが、結局一つつかんだこと、わかったことは、それでは勝てないということでした。櫻井、宮澤、仲宗根の代は、準優勝、ベスト4、ベスト4だったので、3年くらいやっていて初めて気づきました。ディフェンスだけでは勝てない。

昔だったら勝てたかもしれないですが、今の時代は無理だなと感じるようになりました。

◆1年間のプランニングとチームを勝たせるコツ

最近、よく「どうして勝てるようになったんですか？」や「優勝するために、どういう練習をしていますか？」と聞かれることが増えました。ただ、ある1日の練習だけみても、桐蔭学園ラグビー部の場合、その理由はわからないかもしれません。やはり、1年間トータルで見ないと、なかなか「桐蔭学園はこうやっている」と言い切れないと思います。そこには1年間のマネジメントも入ってきますので。

1年間のマネジメントに手応えを感じるようになったのは、やはり歳を取ってからです。15年前など、初めて準優勝したときは、そんなに1年間のマネジメントに手応えを感じてはいませんでした。その翌年から、ちょっとずつですが「桐蔭学園の強みはここだろう」という仮説ができて、「こういう形でやっていけばチームは強くなる」という、何かコツのようなものをつかんだ気がします。

常翔学園の野上監督に同じようなことを言われたことがあります。2005年度の花園の準決勝、常翔学園に初めて逆転トライで、12－10で勝った試合がありました。決勝で伏見工業に負けた年です。花園で初めてベスト4以上に進出することができたので、翌春、サニックスワールドユースに招待されて、参加することができました。

野上先生、伏見工業の高崎先生は年齢が離れているし、近寄りがたいというか、私から勝手に話しかけられる状態ではなかったですが、でも急に野上先生がやってきて、「お前、勝つコツをつかんだやろ」とボソッと言っていただきました。

私としてはたまたま勝たせていただいただけの話でしたが、そういっていただけて嬉しかったです。この言葉を使えるというのは、それだけ修羅場を潜ってきた野上先生自身もそう思ったときがあったんだろうと思います。そこから野上先生とはいろんな話をさせていただくようになりました。野上先生の大工大高校時代の恩師・荒川博司先生についてどんな方だったか聞くと「全然選手を怒らず、選手が何かしたときにも、それを笑い話にしてしまう」など、すごく面白い話をしてくれました。この人には自然と人が集まってくるんだろうなと思いました。指導者としても羨ましい限りで、人生の勉強になりました。

高崎先生には「夏、練習試合やるか?」と言ってもらいました。その4年くらい前だったでしょうか、夏に一度練習試合をやったことがあるのですが、惨敗してしまって、それ以降は断られていたのですが、また練習試合をしてもらえるようになりました。

その翌年、再び練習試合をお願いすると、高崎先生に「次から定期戦にしようか？　お互い強くなっても、勝てなくなってもやろうや」と言われて、花園で決勝進出することができ、ちょっと認められた感じがしました。

野上先生は荒川先生、高崎先生は山口良治先生と両巨頭の下でラグビーをしていた方なので、やはり、いろんな経験をしています。お二方からどういったマネジメントをしているのかを聞くことができ、我々スタッフにとってもすごく有益で、勉強になりました。

◆アタックを重視し、同点優勝ながら初の日本一

2009年度、スタンドオフ小倉順平(横浜キヤノンイーグルス)、ウィング竹中祥(日野レッドドルフィンズ)、日本代表のフルバック松島幸太朗の3人が2年生になり、ずっとディフェンスを中心にやっていましたが、メンバーを見てもわかるとおり、アタックに比重をちょっとずつ切り替え始めた頃でした。

また、そのあたりからボールを展開することもFWのセットプレーもやらなきゃいけないと思うようにもなりました。今では、できることを少しずつ増やしていかないとトーナメントで勝つことは難しくなってきました。高校ラグビーのレベルでも、当然、FW一辺倒では勝てなくなった時代でもあります。

だから、無駄に近場でラックとかを作るチームは少なくなってきたと思います。桐蔭学園も東福岡、

2010年度の花園決勝は東福岡にノーサイド寸前に追いつかれ両校優勝となった。お互いに持ち味を出しつくした好ゲームだった

東海大仰星もそう、野上先生が率いる常翔学園が攻撃的ラグビーをするようになってから、どんどん変わってきたと思います。

そして迎えた2010年度、前年度も活躍した小倉、竹中、松島がいた45期は、Aシードにも選出され、順調に花園の決勝まで勝ち上がることができました。

現在、民放のテレビでは、花園は決勝の1試合しかやりません。そこでどういう試合を見せるのがラグビーという競技にとって一番いいのか……。凝り固まった、違う戦い方もあったかもしれませんが、それではラグビーの発展につながらない。選手たちにも「決勝は日本ラグビーの発展につながる試合をしよう。そういう意味がある」と話をしたことを覚えています。

決勝戦の相手は東福岡でした。小倉、竹中、松島3人の活躍もあって前半は24－10とリードすることができましたが、当時はセンターだった布巻峻介、フルバック藤田慶和(ともに埼玉パナソニックワイルドナイツ)らがいた東福岡の反撃にあってしまい、31－31で引き分け、同校優勝となりました。

同校優勝でしたが、初めて日本一になることができました。私が新卒で桐蔭学園に赴任してから20年目の節目のシーズンのことでした。

小倉や松島は、今までコーチをした中でも、私が考えつかないようなプレーを選択していた選手たちでした。特に小倉は高校1年の慶応義塾高校戦でトライ後に、いきなりドロップゴールを決めたこともありました。いつもスタッフは選手たちに「桐蔭学園ラグビー部ではベーシックなことしかやっていない。でも、それはすべてではない。コーチ陣がイメージしていることはあるが、違うと思ったら自分で判断して、プラスアルファしていい」と言っていましたが、本当にそういう選手がいるときは優勝するものだと思いました。

◆ガンに冒されていたことを隠して指導していた

2010年度に花園で同校優勝したシーズンの前年の6月、実は私は尿管ガンに冒されていたことが発覚しました。幸いにもすぐ手術を行い、成功に終わりました。現在では定期的に桐蔭学園のOBでもある医師に検査していただいています。ただ、当時は、生徒には不安にさせないように、すぐにガンだとは明かすことはしませんでした。

OBに「先生は優しくなった」とよく言われます。昔はとにかく勝ちたいという気持ちが強かったのかもしれません。生徒たちに、どことなく近寄り難い印象を与えていたのでしょう。ガンになった後、桐蔭学園の試合を含めて、ラグビーの試合を見ているときも指導しているときも楽しいと思うようになりました。笑顔で生徒たちに接する時間が増えたのではないでしょうか。

花園や選抜大会など、全国大会で戦っていくうちに、「ただ勝つだけではダメだ」と感じるようにもなりました。結局、勝つだけでは選手たちは伸びないし、伸びない子どもたちを育てても、そのチームに魅力もない。そうなれば中学生も「その高校に行きたい、プレーしたい」とは思わないものです。また、今まで得たラグビーの知見もあって、ちょっとでもいい選手がいたら、伸ばしてあげたいと思うようにもなっていました。

前田励文

ストレングスコーチ

桐蔭学園のラグビー部とは38期（2003年）から関わらせて頂いているので、来年で20年目になります。通常は週1回、学校に行き、ウエイトトレーニングを主に指導しています。毎年それぞれの体力や能力も違うので、なるべく個々に対応していきたいのですが、部員数が非常に多いので、先ず全体に共通する基本を徹底し指導しています。

私は1年生が入ってくると、初期に「何のためにウエイトトレーニングをやるのか」という、フィジカルトレーニング全体の位置づけと、その意義を簡単に説明しています。パス、キック、ラン、タックル、スクラム等、ラグビー競技の基本技術や戦術を実現するための技術といったスキルを頂点とすると、その下にピラミッドのような土台となる競技力向上のためのフィジカルリソース、つまり体力要素を強化する部分、そして一番下のベースには、ムーブメント＝基本的な動作性の向上があります。この関係をきちんと理解した上でやらないとスキルにつながっていきません。その中でいうと、ウエイトトレーニングは真ん中の層にあたりますが極めて重要です。

ラグビーは戦略や戦術を駆使したボールゲームですが、15人対15人のコンタクトが常に発生しているので、それに耐えうる体、優位になる体を作らなくてはなりません。ポジションごとに目安となる基準値を設け、その範囲で除脂肪体重はなるべく増やしていく、そして、筋出力、体幹、姿勢の保持力など、競技に必要な強化をしていきます。

最初の頃は限られた時間にも関わらず、欲張っていろんなことを伝えたいと思っていましたが、高校生の立場になってみれば、練習時間も長くないし、逆に消化不良になってしまうと気づき、年々、段々シンプルな指導になっていきました。

トレーニングメニューも最初は希望者には私が作って渡していましたが、ここ数年は自分でやっぱり考えるべきだなと思い、そのベースとなる資料を最初に与えるようにしています。

花園で連覇を達成した55期の佐藤健次主将（早稲田大学1年）の代も、コロナ禍で、オンラインで指導した後に、自分たちで考えた計画表を出させました。「そこは、もっとこうしたほうがいい」というアドバイスをすることもありましたが、厳しい環境の中でも、彼らは最もウエイトトレーニングを頑張った代だといえるでしょう。

過去にも数多くの優れたOBたちがいました。例えば、日本代表やフランスで活躍している45期のFB松島幸太朗は、高校の時は、それ程ウエイトトレーニングをやり込んでいた感じではなかったですが、元々身体能力が高く、懸垂を何回できるかというテストを行った時も平然と40回をこなし驚いた記憶があります。過去に一番インパクトがあったのは、現在、帝京大4年で主将を務める52期の細木康太郎でしたね。とにかくナチュラルで強かった。

私自身も藤原先生もとにかく「現状維持は衰退につながる」という考え方が根底にあります。例えば、昨年、今年とコロナ禍もあり、自宅待機で思うようにトレーニングができきない中で、オンラインを使ってトレーニングをしようと考えました。家の中で行える運動も限られるし、複雑な動作は間違った理解につながってしまう。そこで、可動性フィギュアを使い、基本的なエクササイズを横から上から、前からと、あらゆる角度から見て撮影した画像を配信し教えることにしました。姿勢はこうで、動作のポイントはこうだよっていう解説をした上で、映像を見ながら生徒たちはそれぞれ工夫して行いました。教育的観点から言うと、予め答えがあるものを暗記するとか、公式に当て込んでいくっていうような問題形式だと知識は積み重ねることができるかもしれないけど思考力が育たない。だから藤原先生は、部活動の中で生徒に自分で考える教育をしているのではないかと思います。

初めて花園で決勝に出た代(40期)のスローガンが「絆」で、それは生徒たちが自分で、より強くなるため、そしてラグビーを楽しんでいくためには、もっと繋がらなければならないと考えたものだったそうです。実際、途中で辞めかけた仲間を家まで行き説得し最後まで一緒にプレーしたという事実もその後知りましたが、彼らが本当にスローガンを部活動、花園の大会で体現していたことに感銘を受け、私は今でもそのエピソードを現役の生徒たちに話すことがあります。

私なりの表現ですが、藤原先生は、ラグビーを教えるのではなくて、ラグビーで教えるという感じですね。生きる術とか大切なことを。このようにラグビーを通し人間教育をされていることが私にとっても刺激になっています。「ラグビーは少年をいち早く大人にする」という言葉がありますが、彼等を見ていると高校3年間の中でそれが体現できている。正に生きた教育だと思います。

トレーニングについては今後、もう少し個別に指導していきたいし、私自身が得意としているのはどうしたら相手から圧があっても崩れないのか、筋力に頼らないで押せるのかという体の使い方です。たまに選手を捕まえて教えていますが、まだきちんと伝えるまでには至っていないので、そういったところも指導したい。

微力ではありますが、今後もスタッフに協力し、全国で勝てるチーム作りに貢献できるよう努力していきます。

まえだ・れいじ
1957年生まれ。都内数か所のスポーツ関連企業で指導、マネジメントを担当後に独立。フィジカルトレーナー、鍼灸師・あんまマッサージ指圧師として野球、ラグビー、陸上、格闘技等の選手の指導とフィットネスイベントを主催。「エクスプローラー（旧ザ・パワーステイション）」、「フィットネスセッション」代表を務める。

櫻井朋広(40期)

元・NEC&清水建設/清水建設江東ブルーシャークス採用担当

私は、大分県・大分ラグビースクール(RS)出身ですが、大分ラグビースクールから桐蔭学園に進学した先輩のSH後藤翔太(元・日本代表/現・早稲田大コーチ)さんやWTB首藤甲子郎さん(元・NEC)に憧れて、先輩方と同じ道で挑戦したい思いと、中学の時に九州選抜に選ばれた時に、自分のプレーに納得ができず「一人で挑戦したい」と思ったことが、桐蔭学園で寮生活を送りながらラグビーをするきっかけとなりました。

入学後は、大分の親元を離れて、知り合いのいない世界に飛び込んだことで精神的に辛い時期もありましたが、親に負担をかけていることを心に留めて「ラグビーを全力で取組む」という覚悟を持ち続けて練習に励みました。

また、門限19時半、携帯電話やテレビの持込みは禁止だった厳しい寮生活を通して、時間を有効に使うことを学び、1日1日を大切に過ごすことができました。

当時の桐蔭学園は、まだ花園の連続出場がなく、神奈川県内でも圧倒的に強いとまでは言えませんでした。高校1年生の時、2003年度の花園に出場し、試合に出させていただきました。最初の試合で桂高校(山梨)に勝ち、ベスト16の相手がその年に準優勝した、私の地元の大分舞鶴(大分)でした。

試合前に、大分ラグビースクールの先輩で、桐蔭学園の2学年上の後藤悠太さん(後藤翔太さんの弟)から「大分を出て挑戦している俺たちの方が強い。思いっきりプレーしよう」と言っていただいたことは今でもよく覚えています。結果は負けてしまいましたが、先輩の温かさを感じ、後に後輩への接し方に活かすことができました。

2年生の時は、春の関東大会予選で1回戦負けを喫しました。翌日の練習からは、毎日、1対1のタックル練習で、この頃の練習は、私のラグビー人生の中で一番身体を当てた時間でした。さらに秋の県予選では慶應義塾高校に敗北し、県ベスト16に終わってしまい、花園に出場できないことがどれだけ悔しいか身をもって感じました。またどんなに痛い練習をしてきても勝つことがどれだけ難しいかも教えられた試合となりました。

私たちの代は、慶応義塾高校に敗れた次の日から始まりました。チームスローガンは、各自のことだけでなく周りの選手のことも考えて行動し、お互いに助け合うという意味を込めて「絆」と決めました。例えば相手に抜かれたから、抜かれた人のせいにするのではなく自分がカバーして止めるなど、ベクトルは常に自分に向けることを定めました。

また当時から、藤原先生たちの指導方針は選手たちに考えさせることに重きを置いていました。選手たちで何が足りないのか、どうしたら花園で優勝できるかを話し合って、みんなで個々の足りない部分を補うべく、朝練習をすることから始めました。

FWにいたっては、全員で朝練習に参加して、それを一年間、花園まで続けていました。

春こそは結果を残せませんでしたが、夏合宿では春に大差で負けていたチームに勝つなどチームの成長を肌で感じることができ、一つの目標に向かってチームで決めたことをコツコツと継続して積み重ねることが結果につながること改めて実感しました。

そういった練習の成果もあり、05年度の花園ではAシードとして出場して、桐蔭学園ラグビー部としては初めて決勝戦まで駒を進めることができました。余談ですが、私たちは試合の時、手の平に全員「絆」とマジックペンで書き、メンバー外の選手の思いを背負って試合に臨んでいました。

決勝戦の相手は、伏見工業(現・京都工学院)で前半に差をつけられていました。そのハーフタイム中、議論が煮詰まっているときに、選手の前で笑顔を見せない藤原先生が手の平に「絆」と書いていたことで、私たちが涙したことは鮮明に記憶に残っています。結果は36－12とトリプルスコアで負けて悔しさしか残りませんでしたが、私たちチーム全員で決勝まで進めたので達成感はありました。

私にとって高校3年間はラグビー人生の始まりです。小学校から競技を始めましたが、本当にラグビーに向き合ったのが高校時代で、桐蔭学園を選ばなかったらここまで真剣にラグビーをできなかったかもしれません。今の私があるのは桐蔭学園ラグビー部の日々があるからだと思っています。

追伸

最後に伏見工業戦前夜の話をします。TV番組の取材で、両チームのホテルにカメラが入ってインタビューが行われました。その際に、桐蔭学園は楽しそうにインタビューに応じていましたが、伏見工業は対照的で緊張感が伝わってきました。決勝戦を初めて戦うチームと決勝戦を何度も戦っているチームの試合に対する準備の違いを感じました。

私は引退して桐蔭学園にうかがった際、今の選手たちは練習にひた向きに取り組んでいました。強さというのは、そういう環境から生まれてくるものだと思うので、良い伝統が築けていると感じています。

今の桐蔭学園ラグビー部は花園の決勝に行くことが当たり前になっていますが、そういう強さと伝統が続くようにＯＢとしても「絆」を大切にしていきたいと思います。

さくらい・ともひろ
１９８７年生まれ、大分県出身。父の影響で小学４年から競技を始めて、高校から桐蔭学園（40期）に進学し、高校３年時は主将として同校初の花園決勝に導く。その後は早稲田大、ＮＥＣ、清水建設でプレーし20年度に現役を引退した。ポジションはＳＨ。現在は清水建設江東ブルーシャークスで採用担当を務める。

小倉順平(45期)

元ラグビー日本代表/横浜キヤノンイーグルス

桐蔭学園時代は、3年時はキャプテンとして臨み東福岡(福岡)と同時優勝でしたが、本当に花園に向けて楽しい時間を過ごさせてもらいました。

小学校2年から友人(林謙太)に運動神経が良かったこともあり誘われ、八王子ラグビースクールで競技を始めました。高校、大学も同じSO/CTB宮澤(正利/現・早稲田大コーチ)さんが同じスクールの5つ上の先輩で桐蔭学園に通っていましたし、スクールの監督も「桐蔭学園推し」でしたね。また兄(陽平・立正大出身)も神奈川県の向上高校でラグビーをしていて「桐蔭学園が強い」と聞いていました。

中学時代は通っていた椚田中にラグビー部があり、スクールと同時にプレーしていました。東京都のスクール選抜で準優勝だったこともあり、「花園に出たい!」「強い高校に進学したい」という思いもあって、桐蔭学園に進学することに決めました。家からはちょっと遠くて電車で1時間半くらいでしたね。

2つ上の西橋勇人キャプテン(現・NTTコミュニケーションズシャイニングアークス東京ベイ浦安)の代では、1年生のときから試合に出させてもらっていましたが、毎日、刺激の塊でしたね。勉強も大変でしたが、どうにか先輩についていき、桐蔭学園の目指すラグビーを精一杯やっていた感じでした。花園は御所工業・実業(現・御所実業)にベスト16で負けてしまいました。

朝練習は自主練で、高校1年時はやっていたのですが、(日本代表FB松島)幸太朗

（クレルモン）は絶対に朝練習は来なくて、練習しているグラウンドの横をニヤニヤしながら通っていっていました（苦笑）。WTB竹中（祥／日野レッドドルフィンズ）も朝が弱かったので、自分たちの代では朝練習はできなかったですね。

今思えば、ラグビー、スタンドオフとしてのベースは桐蔭学園で学んだと思います。日頃から判断、判断の練習をひたすらすることで、その積み重ねが試合にそのまま出ていた。また9番、10番のハーフ団は藤原先生やコーチ陣に徹底的に鍛えられました。

1年生のときは試合でDG（ドロップ・ゴール）を蹴ったりと、比較的自由にやらせてもらっていたのですが、2年生になってキックの使い方、ゲームメイクを泣きながら覚えた記憶があります。1つ下の浅見晋吾（清水建設江東ブルーシャークス）、横山陽介（NECグリーンロケッツ東葛）も同じことを言っていました。

藤原先生はわざと2年まで待っていたんだと思いますが、何をやっても最初は藤原先生に「違う、違う」と言われながら、SOとして、とにかくいろんなゲームを見て吸収して、ゲームメイクや流れの作り方を身につけていきました。それはSOとして今の土台になっていますし、高校3年間は大きかったと思います。

花園では高校2年時は準優勝でしたが、部員の投票でキャプテンに選ばれた高校3年時は優勝することができました。最後の方は「藤原先生に恩返ししたい！」という気持ちが強かったです。花園の決勝は東福岡と対戦し、負けるか勝つかの瀬戸際で大変でした。

引き分け、同時優勝はいい思い出ですが、やっぱり複雑でしたね。

高校3年時、チームのスローガンは小さい体でも頭を使って勝とうということで「柔よく剛を制す」を意味する「柔能制剛」と決めて、言葉を短パンに刺繍して戦っていました。いずれにせよ花園では、注目されて決勝までいくことができたので、楽しくてしょうがなかったですね。花園の第1グラウンドは別物でしたし関東大会や選抜大会などすべてが花園の決勝につながっている印象でした。

高校3年時は簡単に言えば、松島、竹中の2人にパスしていれば良かったですね（苦笑）。SH西橋弟（誠人／横河武蔵野アトラスターズ）のパフォーマンスも良かったですね。松島は今でも最前線で戦ってくれていますし、今でも高校の同期が頑張っている姿は刺激になります。

藤原先生の発言で覚えているのは、高校2年時の花園の初戦の報徳学園戦で、「右WTBの竹中を左端に置いて、相手のキックオフレシーブを竹中まで回して、竹中は好きに走れ！」と言われて、そのままやったら、竹中が10人くらい抜いて、100mくらい走ってトライを挙げました。当時、やっぱり藤原先生は違うなと思いました。先生が何手先まで考えていたか、高校ではあまりわからなかったのですが、大学、社会人になると身に染みてわかります。

2021年の夏も2回ほど竹中と高校に後輩の指導にいきましたが、高校生だけど上手いですし、しっかりしている生徒も多かったです。藤原先生はやはり凄いですね。日本の他の強豪高校を見ると、毎年、色を変えないチームも多いですが、藤原先生はその代によってチームが変化する。その代のカラー、色を引き出せるし、春から引き出せるような練習をしてそこから絞っていく。その判断を毎年やっているのは異次元のことだと思います。

22年から新リーグ「リーグワン」が始まり、キヤノンイーグルスは横浜をホストエリアとして横浜キヤノンイーグルスになりました。桐蔭学園も横浜にあるので、横浜絡みのイベントにはよく呼ばれるようになりました。今後も桐蔭学園出身者として横浜に少しでも貢献できればいいなと思います。

卒業した後にわかりましたが、高校時代は本当に有意義な時間でした。いずれにせよ中高大のうち高校が、一番学びが多かったですし、高校3年間で学んだことが今につながっています。

©横浜キヤノンイーグルス

おぐら・じゅんぺい
1992年生まれ、東京都出身。小学校2年生からラグビーを始め、高校から桐蔭学園に入学し1年時からスキルフルなSOとして活躍。高校3年時は主将として初の花園制覇に導く。その後も早稲田大学やサンウルブズでも主に4SOとしてプレーし、現在は横浜キヤノンイーグルスに所属。日本代表キャップ。

TŌIN GAKUEN RUGBY FOOT BALL CLUB

第5章

花園の頂点に立てない苦しい時代に学んだこと

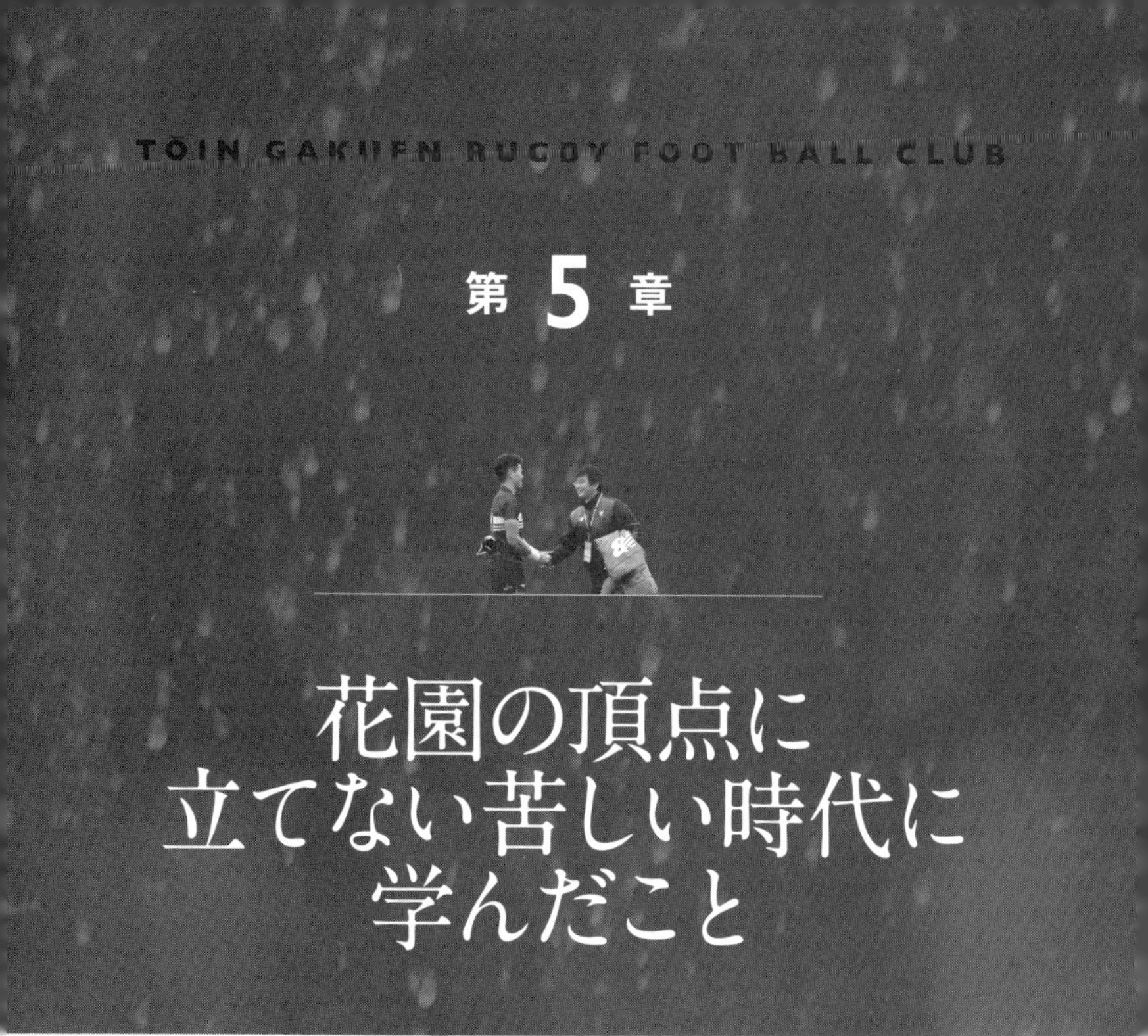

◆コーチ陣の落とし込みが甘かった決勝戦

その後も2011年度は準々決勝で優勝した東福岡に21－29で敗戦、翌12年度は3回戦で準優勝した御所実業に17－27で敗れてベスト16で敗退してしまいました。

2013年度はキャプテンのスタンドオフ横山陽介、日本代表フッカー堀越康介(東京サントリーサンゴリアス)、ロック佐藤大樹(NTTコミュニケーションズシャイニングアークス東京ベイ浦安)、ロック古川進(トヨタヴェルブリッツ)、センター笠原開盛(埼玉パナソニックワイルドナイツ)、センター白井吾士矛(静岡ブルーレヴズ)らがおり、1～15番まで選手が揃っていました。いま振り返ってみても優勝できるメンバーだった思います。圧倒して勝つイメージがあり、自信を持って花園に臨みました。

決勝の相手は春の選抜大会の準々決勝で、26－33で敗れていた東海大仰星でした。前半は7－7と同点でしたが、後半最初に2トライを取られてしまい、結局14－19で敗戦してしまいました。

この試合では自陣からでも積極的にボールをつなぎましたが、もう少しキックを蹴ってもよかったのでは……とも思いました。しかしキックをあまり蹴らなかったのは選手が決めたことなのでしょうなかったと思います。

実は試合前に「決勝はどうするんだ?」と選手たちに確認していました。横山キャプテンら選手から返ってきた答えは、「春の選抜大会はキックを蹴りすぎて東海大仰星に負けたので、今回はなるべくキックを蹴らずに戦います」という返事でした。

花園は関東のチームにとってアウェイですし、前半、相手の反則が0だったので、しんどい試合になるとは思っていました。ただ前半、しっかりトライも取って流れがきていたので、後半、最初にトライが取れれば……と思っていましたが、逆に相手にやられてしまった。こっちのやり方がまずかったと思うところもありますが、五分五分の勝負ができたと思います。勝てなかったですが選手たちが信念を貫いた試合でした。

ただ内心はロングキッカーのスタンドオフ横山がいたので「今年のチームの強みはキックなのに……」という気持ちもありましたが、選手たちが「つなぐ」というのであれば、彼らの意志を尊重して、彼らが選んだ戦い方をやらせた方がいいと思いました。


第95回大会はメンバー的にも充実し、圧倒して優勝できると自信を持って挑んだのだが…

高校ラグビーは30分ハーフなので、ボールを持ったら攻めたほうが有利という側面もあります。そのため「自陣22mからは無理してボールをつなぐのではなく蹴ってもいい」と強く言うこともできたかもしれません。

ただ花園の決勝です。練習試合でそういうことがあれば私も何か言ったかもしれません。試合で選手が十分なパフォーマンスを出せなかったのは私たちコーチングスタッフの指導不足です。生徒たちと共有できなかったことが多かったと思いました。

花園で戦っている最中にも言うこともできますが、もう修正はできません。1年間、花園まで試合をやっていく中で、前半は何がよかったのか、悪かったのかを振り返って、後半に変えるというようなことを練習からやらせていなかった。また

準優勝に終わってしまったが、選手たちの判断に任せたことに後悔はない

最後には選手に自分たちで選択してやらないとチームにならないので、任せました。

選手に任せて、判断させたことに後悔はありません。私たちの生徒に対する落とし込みが甘かっただけだと思っています。

◆指導者としての自信となった高校ラグビー界の名将の言葉

2013年度の花園ではもう一つ、思い出深い出来事がありました。

天理高校（奈良）との準々決勝戦後、メディアの取材などが終わるまで私を待っていてくれた人がいました。それは、天理高校の前監督で、すでに定年を迎えていた高校ラグビー界で名が知られた名将・田中克己さんでした。

自身も選手で1度、指導者として2度花園で優勝を経験していた田中元監督は、当然、準々決勝も現地で観戦していたのです。そこで「一度、天理に遊びに来いよ！」と招待してくださり、私は福本コーチとともにそれに応じることにしました。

学校に行くのかと思っていたら、自宅に招待されてバッテラ寿司をごちそうになりながら、それとなく、ラグビーの話になっていきました。私らも年齢的に上になってきましたから、以前とは違い、アドバイスしてくれる方はそうそういなくなってきた頃でした。

だから負けてしまった東海大仰星との決勝戦に対して、コメントしてくるラグビー関係者はいなかった。しかしながらラグビーが大好きな田中元監督は「もっとこういうこともできたのでは?」「もっと柔軟性を持ってやったほうがいいのではないか」「全国のトップを取ることと、将来を見越して選手を成長させることは若干違う」「全国トップを狙うなら、(毎年ゴールデンウィークにやっている)サニックスワールドユースなどに行かずにドメスティックにやったほうがいいのでは」などの意見を言ってくれました。

やはり田中元監督が強調されていて、キーワードだと感じたのは、桐蔭ラグビー部は「柔軟性が足りない、直線的すぎないか」ということでした。

田中元監督は「桐蔭学園は、すごくいいラグビーしているし、藤原監督もラグビーの原理原則がわかっている。だから毎年のように準決勝、決勝まで来られている。ただ動きが直線的だと石ころを置いておけばつまずくだろう。石を置いておけば勝手に倒れるだろう。それなら相手は楽かもしれん」という言い方をされました。やっぱりラグビーが好きな人なんだなと思いました。

「あせい、こうせい」というような上からではなく、ボソボソという言い方でしたが、それが私にとっては目から鱗が落ちるような感覚でした。

また「ラグビーの構造」の話になると、田中元監督は「高校ラグビーは前半30分で、3~4分間攻めている時間が4、5回あったら、それだけで20分。残りの10分は蹴ったり、ラインアウトしたり、スクラムして終わってしまう。ボール持っていたら点を取られることはない。そうすれば相手は焦ってミスをする。そうしたら勝ちや」とおっしゃっていました。

これまで天理高校のラグビーにはものすごく勉強させてもらいました。田中元監督の話を聞いて、自分の考えと大きくズレはないなと感じました。

さらに高校ラグビー界の名将に「もうつかんでいる。ラグビーの原理、原則をわかっていないチームが多いけど、桐蔭学園はよくわかっている」と褒められて、自身の指導者としての成長を感じる、感慨深い一日となり、指導者としての自信にも大きくつながりました。

そして指導者として、もっといろんなことを吸収しなければいけない。勉強が足りないなということに改めて気づきました。

いろいろと見つめ直すことができましたが、田中元監督から聞いたことを、すぐそのまま翌シーズンに実戦できるわけではありませんでした。こうなるだろうという思い込みがあり、なかなか修正できず、その影響から翌年は慶應義塾高校に負けて神奈川県9連覇で終わってしまうことになります。

◆おごりがあり、2014年度は神奈川県予選決勝で敗退

再び生徒たちとともに日本一を目指す戦いが始まりました。今思うと、全国大会準優勝の翌年の2014年度は少し油断があったかもしれません。また反省する機会となってしまいました……。

神奈川県予選の決勝戦の相手は慶應義塾高校で、後に高校日本代表に選ばれ、医師になったスタンドオフ古田京、ロック辻雄康(東京サントリーサンゴリアス)、フルバック丹治辰碩(埼玉パナソニックワイルドナイツ)らがいて相手も強かったこともあり、自ら墓穴を掘ってしまい、9年連続出場していた花園を逃してしまいました。

やはり、どこかに少しおごりがあったのかもしれません。その代の3年生たちには本当に悪いことをしました。このタイミングで今までやってきたことを見直してゼロからのスタートを切ることに決めました。

砂のグラウンドで練習したり、週3回ウエイトトレーニングをしたり、食事も栄養士さんにフォローしてもらうことは以前と変わらず続けることにしましたが、変えたこともあります。

水が入ったバッグを担いで体幹を鍛えたり、メンタルトレーナーを招聘したりとチームに変化を加えることにしました。また新しい桐蔭学園ラグビー部を築いていくという意味で、この年のチームのテーマ、スローガンを「築」としました。

◆メンタルコーチの布施先生にサポートを頼む

2014年11月、慶應義塾高校戦に負けた日の夕方、現在では大きな大会では必ず帯同してもらっているメンタルコーチの布施努さんに電話しました。「なんで、その年からやってなかったのかな……」とものすごく反省しましたが、「すぐにセッションをやってくれませんか」とお願いしました。

負けた試合の1週間後の日曜日、1年生と2年生を部屋に呼んで、布施先生にレギュラーメンバーだけでなく、メンバー外の選手から話をどんどん引き出してもらいました。生徒に「ここはどうなったんだ?」というような質問を繰り返して、その時の思いを吐き出させていました。その時、「こんなこと俺にはできないな」と思い、そこから正式にお願いして、今に至ります。

布施先生は一方的に理論を押しつけるわけではなく、選手たちに自分で考えさせる形でトレーニングしてくださっています。選手は人事権を持つ監督に弱みを見せようとはしません。また布施先生は他人と比べないし、過去のチームと比較することもありません。

こういったメンタル面のスタッフもチームにいないといけないと思っていました。ちょうど、当時ラグビー日本代表のエディー・ジョーンズHC(ヘッドコーチ)がメンタルトレーナーの荒木香織さんを招聘したタイミングと同じくらいでした。

結局、齋藤直人の代からずっとお願いしています。月1回セッションをやってもらっていて、今は、選抜や花園など全国大会の期間中もずっとチームに帯同してもらい、ミーティングに参加して選手の話を聞いてもらっています。

ミーティングをする前に「どういうミーティングをするか」という内容をチェックしてから、キャプテン、各ポジションのリーダーに何を目的に、どういったテーマで話すのか確認しておきます。

布施先生は「ミーティングはもっと柔軟に対応していかないといけない」「アプローチの仕方も変えて、リーダーももっと作っていかないといけない」「みんな同じ考えや意見じゃ危ない。曲者みたいな選手も意図的に作らないといけない」などのアドバイスもしてくれます。そういったことをチームに落とし込んで、実践してくれています。

ただあくまでも、ミーティングもどこまで練習とリンクさせるかが大事だと思っています。コーチングも一緒で、この練習がどこにつながっているか気づかせないといけません。

だからミーティングも意図的に壊したりします。同じものをずっと繰り返していたらいいものになりません。フォーマットがあり、その通りやっていけば選手は楽かもしれませんが、ある程度のものにはなっていきますが、それ以上にはなりません。

だから「毎年、同じようなミーティングするのをやめた方がいい」という話はしています。それをいつ言うか——。気づかなかったら、春の選抜大会中でも大事な試合の前でも「いつまでそんなことやっているの。それ去年のミーティングだよね。同じことやっていたら準優勝しかできないじゃない。

それでいいんだったら、それでいいけど」という感じで伝えています。

◆布施先生との縁

2012年頃、日本体育大学でコーチをしていた秋廣秀一さん(現・大東文化大ヘッドコーチ)が布施先生のセミナーに行って話を聞いてきて「こういう先生がいます。お子さんが桐蔭学園らしいですが、会ってみたいですか？」と言われて、そこで実際に会って話を聞いたのが最初でした。

選手たちに声をかけ続けてきた私とは反対のアプローチの仕方で衝撃を受けました。その時は「自分たちでもできるかな？」と思ってしまい、布施先生にお願いすることはありませんでした。いま考えるとなんで布施先生に頼まなかったのか不思議です。その時の花園はベスト16で敗戦してしまいました。

翌シーズン、堀越や横山の代では一度だけ布施先生に来てもらって、アドバイスを聞いてチーム作りをしました。ラグビー的に強いチームだったので、スケジュール的にセッションをしてもらうよりも練習が軸でした。また結果的に勝ってきていたので、布施先生に頼む決心には至らなかったのだと思います。布施先生にも「チームコンディションもすごくいい。かなりでき上がっている」と言われて安心してしまった面もありました。

しかし「最低5人くらいリーダーが必要かもしれません」と布施先生には言われていました。キャプテンが思考停止してしまった場合に備えても、各ポジションにリーダーが必要だったのかもしれません。

結局この代は、花園の決勝で東海大仰星と対戦して負けてしまいました。良いメンバーが揃い、強いチームで優勝候補に挙げられていました。ダントツに優勝させるためにどうしたらいいかということを逆算して強化していたので、マクロ的な視点が足りなかったのかもしれません。勝てなかったのは私のせいです。

実は布施先生の息子さんが2人とも桐蔭学園のOBでした。サッカー部だったので、ラグビー部の生徒とも仲が良かったですし、私も授業で指導したことがありました。さらに布施先生を紐解いていくと私と小学校が同じで、4つ上の姉と小学校時代の同級生でした。東京都北区にある滝野川第一小学校で、私の実家から100m先にあります。数年経ってから気づいたのですが、実はそういう縁もありました。

◆生徒に「物事を整理してみよう」と声をかけるときも

布施先生のミーティング以外にももちろん、私からも「少し物事を整理してみよう」と声をかけることもあります。

たとえば試合前に選手と話を合わせています。ここまではちょっとチェックした方がいいんじゃないかとか、キックしたら相手のカウンターが強いので、点を取られてしまうかもしれないから、それなら蹴らずにボールを保持した方がいいのでは……といった具合です。

ほかにも前半からアタックにリズムを出して、後半トライを取りたいのであれば、前半はキックを蹴らずにボールにタッチして動かして、相手に当たっておいた方がいいのではとか、今回は相手が強いのでハイパントキックを一度蹴ってみようとか議論をしたりします。当然、選手と話す内容は試合ごとに少しずつ変わっていきます。

もちろん、どんな感じでいくのか、こうやった方がいいとか、私の中でもある程度イメージはあります。当然、私のイメージ通りに話がいかないときもあるので、そのときは「こうしたら、どうするのか?」「トライ取られた後はどうするのか?」というような話はしていきます。

◆高校ラグビーの名将から学んだこと

2014年度、神奈川県の決勝で負けて10連覇できなかったシーズン、そのとき初めて「裏サニックス」と呼ばれている、花園と同じタイミングで行われているサニックスワールドユースの予選会に参加しました。

とにかくずっと雪が降っていて、寒くて暗くて「もう二度と来まい」と思いましたが、準決勝で常翔学園に負けてしまいました。ただ、やはり「すごいな」と思ったのは常翔学園の野上先生でした。野上先生はいろんな学校の生徒を注意していました。関東のある強豪校の生徒が、汚れた練習着のまま食堂に来たことがありました。するとスタッフ交流会で、野上先生はマイクを持って「●●高校、いかんです。練習着で、汚い格好のまま食堂に来るのは衛生的にいかがなものでしょうか」と注意していました。さらに「○○高校、準公式戦の試合中、インゴールに入ってｉＰａｄで撮影するのはいかがなものでしょうか。試合をやっているのに失礼じゃないですか」ときちんとおっしゃっていたのが印象的でした。

高崎先生もまた同じような話をされました。2人は昔話もしてくれますが、いまどう思っているかという話もしてくれます。最後に私の順番になったとき、高崎先生は「俺と野上さんがしんどいこと言ったよな。どういう話をするかわかっているか？　この場を誰がフォローするかわかっているよな」と念を押されました。

だから私は「実は野上先生はこういう先生で、高崎先生はこういう先生です」と話をすると、2人はユーモアを大事にしており「お前は足らん！　もうちょっとこういう風に褒めや」とお互いの昔のエピソードを面白おかしく話して会場の笑いをとっていました。

他にもワールドユースの予選会では、試合の合間に練習試合や練習もするのですが、その予定を書いてあるホワイトボードの前に、野上先生、高崎先生の2人が立っていました。そうすると他のチームの監督たちは入っていけません。

2人は「来たらいいやん！」と言われましたが、「私でも行けません」と言ったら、2人は翌日になると会場の一番隅っこにいました。お茶目だなと思いました。

また佐賀工業の小城博先生はすごい感性を持っていると思いました。2019年の春の選抜大会で、桐蔭学園の練習がたまたま深谷高校と一緒でした。逆サイドで佐賀工業の小城先生がずっとその練習を見ていました。そして「いつからこういったパス練習をやっているのか？」と聞かれたので、「結構、前からしていますよ」言ったら、小城先生は「昨日、今日やったんではないな。こういうことやっているから勝てるんだな。練習見せてくれてありがとう」とおっしゃってくれました。その言葉を聞いて、この人はすごいなと思いました。そんなことをこんな若造に言えるんだと思い、勉強になりました。

いずれにせよ、2010年度の同校優勝から、花園の頂点に立てない時期が長かったですが、田中元監督、野上先生、高崎先生などに多くのことを教わることができ、それが結果的に単独優勝につながっていったと思います。

中澤暁雄

チームドクター

僕自身ラグビー部でこそありませんが、桐蔭学園の14期のOBです。医師となってからは母校の校医を務めているので、もう30年くらいは学校に関わっています。

藤原先生がラグビー部の監督に就任して以来、ラグビー好きだったこともあり、チームドクターとなり、花園など全国大会に出場するたびに帯同してベンチに入っています。以降、もう一人のチームドクターで、やはりOBである宮田庸先生と一緒に行っています。実は宮田先生の息子さんは、2009年度の花園の準優勝メンバーです。

全国大会ではベンチに入れる人数は限られているので、僕らドクターが入ってしまうと他のコーチが入れなくなり、ラグビーの戦術・戦略的には難しくなるかと思います。最初、聞いたときは驚きましたが、藤原先生は選手たちのことを最善に考えて、その選択をしたのだと思い、それならば全力でサポートしなくてはいけないだろうと思いました。

今でもチームドクターを帯同させる高校は少ないですが、以前は全国大会でもマッチドクターも少なかった。48期の横山陽介(NECグリーンロケッツ東葛)の代の試合で、相手チームの選手も合わせて脳しんとうが3人出てしまった。その時に、選手を診られるマッチドクターが1人しかいなかった。頭を打っているわけですから、手当が遅れれば取り返しのつかないことになる可能性もあった。その時に藤原先生が「自分が責任を持つので、先生は選手を診てあげてください」とおっしゃり、僕はグラウンドに走って行きました。

その試合の後、レフェリーと相手チームに感謝されました。藤原監督はラグビーが好きだからこそ、自分のチームだけではなく、相手のチームのラグビー選手に対しての思いやりを常に持っています。ラグビー人口を増やしていくには、指導者も選手たちの安全をしっかり担保しなければなりません。そういうところに私たちも共感して一緒にやっています。

また、選手の体調管理、感染防止対策は、実は10年以上前からやっています。ある年の花園で、体調を崩した選手が多数、出てしまった。なんとか試合には間に合ったのですが、すごく大変な思いをしたことがありました。

その時の経験で、勝つために余計なリスクを背負わない方がいい。ケガは仕方がないが、体調面は自分たちで対策できることはしたほうがいいという結論に達しました。その翌年から、選手たちはミーティングでもマスクをし、食事の時も試合に出る選手は真正面向き、対面で食事しないようにしようと提案し、受け入れられました。

また監督たちの了承を得てマスクだけでなく、花園大会中はロッカールームやホテル、靴裏など、いろんな場所を次亜塩素酸で消毒するようにしています。またコンディションを考慮して、開会式が終わったら試合を見ずに宿舎に入るなど、万全を期すためにいろいろなことを工夫しています。

花園は毎年、大阪で行われているので僕ら関東の学校の選手たちは家に帰ることはできません。なかなかリフレッシュもできない中、食事くらい楽しくさせてあげないとかわいそうかなという気持ちもありましたが、勝つためにはどうしても非情な部分もないといけないと思い、今でもやらせていただいています。

51期から、試合後に取材されるメディアの方にマスクを渡すようにしました。50期の齋藤直人の代で、準決勝が終わると何人かの選手が決勝戦の前日までに体調を崩しました。点滴をして、なんとか決勝を戦い切ることができましたが、横浜に戻ると一人の選手がインフルエンザに罹りました。どこから感染したかはわかりませんが、万全を期した方がいいと思い、藤原監督の名前をお借りして、囲み取材の時は記者の方にもマスクをしていただくように配りました。その時に経緯はお伝えしていませんでしたが、皆さん快く協力してくれました。

ここまでやっているのは、藤原先生をはじめ、コーチングスタッフが毎年メンバーに合わせてチームのやり方をガラッと変えるなど、いろいろな努力されているのをずっと近くで見てきたからです。大変な努力を重ねていても、それでも花園ではなかなか単独優勝できなかった。全部が揃わないと、なかなか頂点に立てないものだと感じていました。

ずっと藤原監督、コーチがこれだけ苦労して大変な思いして選手を育てているので、自分が協力できることがまだあると思いながら、なんとかしてあげたいという気持ちが強いです。だから、予防できる体調管理をしたいと続けています。昨今は新型コロナウィルス対策の課題もまだまだありますし、今後もチームと同じように試行錯誤を重ねながら、選手を万全な状態でグラウンドに送り出してあげたいと思っています。

花園での初の単独優勝、連覇は本当に嬉しかったし、最近でＯＢもたくさん活躍しているので、本当に誇らしい。でもチームが強かろうが弱かろうが、可愛い後輩たちのために、そして藤原先生たちのために、体が続く限り、チームに帯同してサポートし続けたい。微力ながら僕らの活動で、輪が広がって、高校ラグビーがもっと発展していければ本当に嬉しく思います。

なかざわ・あけお
１９６２年生まれ、東京都出身。桐蔭学園高校卒業後、聖マリアンナ医科大学で学び、医師となる。聖マリアンナ医大横浜市西部病院救命救急センターを経て、現在は東京都町田市にある中澤医院院長。日本救急医学会 救急科専門医、日本プライマリ・ケア連合学会 認定医。映画やドラマなどの医療指導も手がける。

堀越康介(48期)

ラグビー日本代表／東京サントリーサンゴリアス

僕は小学校3年生でラグビーを始めて、中学生の頃は柔道と並行して群馬県の高崎ラグビースクールでラグビーをやっていました。その時に「絶対に花園で優勝できる高校に行きたい！」という気持ちがあって、関東で一番強い学校を探したところ、桐蔭学園だということがわかりました。

中学時代、高崎ラグビースクールと桐蔭学園中学との試合があった時にいいプレーができたこともあって、藤原先生にも相談したところ「いいよ」と言ってくださり、寮もあったので高校は桐蔭学園に進学することに決めました。

親元を離れての寮生活は、最初の方こそ少しホームシックになったこともありましたが、ラグビー部だけでなく柔道部や他の生徒とも一緒でしたし、すぐに楽しくなったので良い思い出になっています。

僕が通っていた当時のグラウンドは人工芝ではなく砂でしたが、自分としては足腰が強くなりましたし、筋肉系のケガとかもあんまりしなかったので良かったなと思っています。練習は辛いこともありましたが、それ以上に楽しかった方の記憶があります。

僕らの頃の練習はドリル中心という感じで、なかでも状況判断のドリルがすごく多くてめちゃくちゃ楽しかった！　ここでパスするのか、どういうパスがいいのか、ボールキャリーした方がいいかなど、練習の中で、自分たちで判断できるのが良かったです。だから、桐蔭学園の出身の選手はみんなハンドリングが上手いと思いますが、高校時代のそういった練習でかなり鍛えられたと思っています。

僕の代はSO横山陽介（NECグリーンロケッツ東葛）がキャプテンで、LO佐藤大樹（NTTコミュニケーションズシャイニングアークス東京ベイ浦安）が副キャプテンでした。自分たちの代や下の代も含めると、大学になってキャプテンを務めてチームの中心選手になったり、トップリーグに進んだりする選手が多く、「桐蔭学園最強」と言われていたこともあったみたいです。

今、考えてみると主体性をもってやっていたから個々が伸びたと思います。「やらされている」のではなくて、自主的にどうやってプレーしたらいいかを高校生の頃からみんな考えてやっていました。一人ひとりが考えるラグビーをしてきたので、そのことが後のラグビーキャリアにも活きているんじゃないですかね。

僕自身も高校時代、リーダーではなくても思ったことをしっかりと話すという習慣が身についていて、それが帝京大学でキャプテンをやることにもつながったと思っています。

藤原先生は、基本的に生徒の自由にさせてくれていたと思います。特に僕らの代は自由にやらせてくれました。ボールをとにかく動かして……と自分たちで話していましたが、そうしながらも藤原先生は僕たちをうまく導いてくれていたような気がします。自分たちに「お前たちの強みはなんだ」というのを考えさせて、試合の戦略、戦術も自分たちが決めたことでやり遂げることができたのですが、きっとそういう風に上手く促してくれたのでしょう。

もともとリーダーシップの資質があった選手が多かったというのもあるかもしれないですが、コーチングスタッフがうまくそういう環境を作ってくれていたのだなと感謝しています。練習前とか練習後にリーダー陣で集まって色々話をしていたと思います。実際にタレントも揃っていたし、勝てるという雰囲気があって「自分たちの代で単独優勝するぞ」と、強く意識していました。自信もありましたが花園の決勝で、東海大仰星（大阪）に14－19で負けた試合はむちゃくちゃ悔しかったことを覚えています。

藤原先生は「もうちょっと、柔軟性があれば勝てたのでは」とおっしゃっていたそうですが、確かにそれはそうだと思います。だけど、花園の決勝で勝てなかった悔しさがあったからこそ、今は、次につながった部分もあったと感じています。

藤原先生との思い出で特に覚えていることは、高校年2生の春、試合でタックルをすごく褒められ、自信がついたことですね。フィットネストレーニングで体力がつき、フィールドプレーも高校時代に伸びたと思っています。ただ同じ頃、国体に出るためにラグビー協会に出さなきゃいけない書類をなくしてしまい、藤原先生に「人に迷惑をかけるんじゃない！」と怒られた時が一番怖かったです。

パスのタイミングや、状況を見てどういう立ち位置でどう走ればいいかなどの判断などは、高校時代に身につけたものが活きています。今でもあまり考えずに無意識にそういったことができるのは桐蔭学園時代に培われた僕のプレースタイルの基礎、土台があるからです。ここまでラグビーを続けて来られたのも桐蔭学園でやってきたからだと自負しています。

今は日本代表として2023年のワールドカップに出ることを目標としています。そこにピークを持って行くために、自分がやらなきゃいけないことはたくさんあると思います。東京サントリーサンゴリアスでも高校時代と同じように、自分でいろいろと考えて、そこへ向けて努力していきたい。

©東京サントリーサンゴリアス

ほりこし・こうすけ
1995年生まれ、群馬県出身。小学校3年から競技を始める。高校から桐蔭学園(48期)に進学し高校3年時は花園準優勝。帝京大に進学し4年時は主将として大学選手権9連覇に貢献した。サントリーでは1年目からレギュラークラスとして活躍を続けている。ポジションはHO。日本代表キャップ4。

TOIN GAKUEN RUGBY FOOT BALL CLUB

第6章

桐蔭学園ラグビー部について

◆意思疎通の取れているコーチングスタッフ

盟友である金子俊哉コーチに関してはFWをすべて任せています。金子コーチとは日本体育大学時代からの関係なので、付き合いは長いです。健志台のグラウンド、そして合宿寮で部屋こそ違いましたけど3年間、ずっと一緒でした。

金子コーチは公募で桐蔭学園に来ました。最後は校長まで務めた野坂康夫さんが「ラグビー部を強化するぞ」ということで、私はたまたま縁があり、桐蔭学園に来ました。その翌年に野坂先生が「こういう経歴の方が応募してきたぞ。FWの選手だったならちょうどいいな」という話になり、金子コーチが採用されました。私も金子コーチも拾ってもらったみたいな感じでした。2人とも1年目は非常勤講師でしたが、2年目からは専任として採用していただきました。

福本剛コーチは桐蔭学園ラグビー部の26期のOBで、トレーナー兼任で主に下のチームを見てもらっていますが、私が頭でイメージしたものや映像で見せたりしたものを実際に言葉にしたり形にしたりと、トータルマネジメントをしてくれています。

一昨年まで外部コーチだった須賀孝弘（現・横河武蔵野アルテミ・スターズコーチ）さんをはじめ、昨年までは若いコーチなどもうちょっとスタッフがいましたが、今は勝てば勝つほど人員を削減されています（苦笑）。

桐蔭学園OBでもある福本剛コーチ（左）には主に下のチームをメインに見てもらっている

部員が少なければまだいいですけど、やっぱり100人を超えるような数になると、スタッフの人数は必要になってきます。京都工学院（元・伏見工業）監督だった高崎利明さんにも「スタッフ少ないな。若いヤツを入れたらどうだ？」と言われたので、私は「大変ですよ！　僕らもいい加減30代じゃないですから。先生の学校は多くていいですよね」と答えました。そうしたら高崎さんは「逆にスタッフがたくさんいればええんちゃうってこと、よーわかってるんやろ。数の問題じゃない、質の問題や」と言ってくださいました。厳しいですよね（笑）。

部員が初めて100人になったのは、20年前くらいでしょうか。はっきりは覚えていないですが、15年くらい前からコンスタントに1年生が30人くらい入るようになりました。

さほど多くない時期もありました。最近だって花園で優勝した伊藤大祐の代は24人しかいなかったですが、そのうちの19人が花園のメンバーに入りました。そういう時の方がまとまっていいときもありますし、1学年30人、40人になってしまうと、3年生になってもメンバーから外れる選手がたくさん出てきてしまって難しい面もあります。

いずれにせよ、ちょっと部員数が多いな……と思いますよね。ラグビーの指導に専念してもいいのであれば、今の人数で大丈夫ですが、僕らは教員でご飯を食べているので、部活指導以外の業務もあります。スタッフはあと最低でも2人は欲しいですね。

部員数が増えると上のチームを見る人、下のチームを見る人と分けていかなければならない。火、木、土曜日は2つに分けてウエイトトレーニングとグラウンド練習をしているので、僕らも全員指導できますが、他の曜日は全員を指導するのは難しいです。

上のチームの選手は公式戦などをターゲットにできますが、コロナ禍になってからは試合数が減ってしまい、上のチームの選手もそうですが、下のチームの選手に目標を持ってもらうことが難しくなりました。

練習は毎日あります。金子コーチ、福本コーチと3人なので日々、常にコミュニケーションを取らないといけない環境なので、しっかりと意思疎通は図っています。

◆選手たちとの情報共有について

選手たちとの情報共有に関して言えば、2ヶ月ごとのスケジュールを公表しています。その予定はホームページにも出ています。昔はホームページを更新するたびに紙で渡していましたが、最近は教官室のホワイトボードに張っておけば、誰かが携帯電話で撮影して、みんなで共有しています。

大きく変更するときだけは口頭で言いますが、そうでない限りは口に出して言いません。日々の練習に関しては、僕らからキャプテンに伝えて、キャプテンからみんなに「今日はこういう練習をやるよ」と共有してもらっています。

また選手をグラウンドに出している以上は監督の責任ですし、選手交代をするときは最低でも2つのパターンがあるという話はあらかじめ選手に伝えています。

一つ目は、ランメーターの数字も出ているしコンタクト回数も多い選手には、今日はもうおしまい、という意味で交代させます。もう一つは、ミスが続いて、それを取り返そうと大きなことを狙っている選手は、ケガにつながってしまうので、今日はもうないなと思って交代させます。ただしミスを犯しても、自分がどこにいるかを立ち返って着々と一つずつやっていこうとする選手はそのまま使います。

ほかには単純にこの選手を使ってみたいから前半と後半で代えるときも当然あります。逆に成長を期待して、しばらく交代せずに使い続けるパターンもあります。ただ花園くらいになると、そんなに見てあげられないでしょう。花園はプロ野球の日本シリーズと同じで、ダメだと思ったらすぐに代えないといけない場合も出てきます。そういう判断をしたときは、後でサポートします。

◆毎年決めているスローガン

スローガンを決めるようになったのは初めて花園に出場した31期、四宮の代からです。現在、横断幕に書かれている「初志貫徹」で、今でも、当時の色紙が部室にあります。

全国大会の神奈川県予選決勝で相模台工業に前半は勝っていましたが、後半に逆転されて負けて四宮の代の新チームがスタートしました。当時、元日に野球部が練習していて、一般の生徒も大学の図書館で勉強するという恒例行事みたいなものが桐蔭学園にありました。そして「ラグビー部も元日に練習しろ」と言われたので、学校の近くにある鐵神社でお参りしたときに、選手たちが考えたスローガンが「初志貫徹」でした。花園に行ったら、横断幕になっていたというわけです。

スローガンを決めたら花園に出場できた……ということで、それから毎年、スローガンを決めるようになりました。スローガンは毎年、選手たちが決めますが、何年か一文字が多かったのはたまたまのことで、四字熟語のときも2文字のときもありました。

部室の壁には過去のスローガンが書かれた色紙が飾られている

なお桐蔭学園ラグビー部のロゴは鳳凰（ほうおう）です。桐蔭学園の校章は「五三の桐」で、歴代理事長の母校である旧制東京高等師範学校（現・筑波大学）の校章にちなんでいます。桐には鳳凰が宿っていますが、その力を養うのが「桐樹の陰」とされています。

10年以上前だったと思いますが、保護者会があったときにそれまではいくつもあり正式に決まっていなかったロゴをOBの方がデザインしてくれて、それを今でも使わせてもらっています。

桐蔭学園のファーストジャージーはスクールカラーでもある「桐蔭ブルー」を基調としていて、深みのある落ち着いた印象のブルーです。

セカンドジャージーは白ですが、もともとは28期（1993年度）の時、金子コーチの発案で、神奈川県予選では決勝戦しか黒いジャージーを着用しない相模台工業に対して白いジャージーを採用しました。その年は、花園の神奈川県予選決勝まで1勝1敗だったので「白黒はっきりつけよう！」ということで、相模台工業の黒に対してセカンドジャージーを赤から白に変えたという経緯があります。

◆中学ラグビー部と女子ラグビー部

桐蔭学園でラグビーをやりたいという女子生徒がひとりでもいれば、そういう活動の場の受け皿を作ってあげるということが非常に大事だと思い、2019年に女子ラグビー部を創部しました。指導は中学ラグビー部を指導していた坂詰洋平が担当しています。

女子ラグビー部を作ったことは強化、普及という意味では大きな意味を持つと思っています。男子で結果を残している桐蔭学園が女子ラグビーもやっているということも大きいのかなと思っています。

桐蔭学園の女子ラグビー部が目指しているのは、ただ単に選手として強くなってトップを目指すだけではなく、いずれは、たとえば指導者だけでなく、ドクターや弁護士、経営者などになり、そういった知見を持ってラグビーにフィードバックしてくれるような大人に育ってくれたらいいのではないかと思ってやっています。なんでもかんでもトップ選手を育成することが僕らの狙いではありません。

2020年度で桐蔭学園中学校が閉校となり、桐蔭学園高校ラグビー部に入ってくる人材が減ってしまうということになるかもしれません。2022年度は外部からしか入部しなくなります。2021年度の1年生は40人入部してきてくれました。もともと入部希望者は多かったです。もし桐蔭学園に入学して、ラグビー部を希望したら誰でも入れます。ダメとは言えません。2021年度も2人、ラグビー未経験者が入部しています。

中学生にこちらから声をかける場合もありますが、中学生に対してはいろんな見方をしています。当然、将来性も考えないといけないですし、ラグビーに対する情熱的なところも見ています。

また「桐蔭学園の何がいいの？」「桐蔭学園のどういったところを強いと感じるの？」ということも聞いています。「将来、どんなところを目指しているの？」ということも尋ねたりします。

ただ強い、ただ上手いといった個の力のある選手もチームには必要ですが、やはりあまり物事を考えていない選手は将来的には伸びないかもしれません。結局、考えられる選手になれるように僕らが上手く指導して変えていくのも一つのアプローチだと思います。体が強いなど元から能力を持っている場合もありますが、少し僕らが指導してアプローチして、考え方、思考を変えていくということもあるでしょう。

◆OBが後輩を指導するトップリーグセッション

実は毎年、桐蔭学園のOBのトップリーガーによるセッションをやっています。日本代表にも選ばれている東京サントリーサンゴリアスのフランカー小澤直輝やヤマハ発動機(現・静岡ブルーレヴズ)でプレーし現在は早稲田大学のコーチを務めている宮澤正利の2人はよく来てくれます。

私は何でもいいと思っているのですが、彼らは「間違ったことは教えられません。今年のチームは、どういったコンセプトでチームを作っていますか」と聞いてきてくれます。午後にセッションをやるなら、午前中から来て2~3時間くらいミーティングして、昼食を食べてからやってもらいます。本当に賢い選手たちで、こういった選手たちがいたから強かった、試合に勝てたんだと思います。

セッションでも注文通りのことをやってくれますし、選手たちがどう考えてプレーするのかもよくわかっていました。小澤は桐蔭学園にすごく貢献してくれていて、その後輩たちがまた引き継いでくれています。宮澤はあんなに小さい体で、トップリーガーとしてプレーできた理由がよくわかりました。予測の幅が半端なかったし、いろんなところにアンテナを張っていて「こういう考えもあるんじゃない?」という話もしてくれました。

また花園で連覇した年は、現在東芝ブレイブルーパス東京でリクルーターをやっている元日本代表の望月雄太も来てくれました。大会の前、11月から12月にかけて、3~4回、FWのモールを見てもらいました。「悪いけど、モールでトライを取れなかったら望月のせいだからな」と言うと、必死になってやってくれました(笑)。選手とのやりとりを聞いていてもコーチングのレベルもすごく上がっていました。

スクラムハーフだったら、早稲田大学のコーチをしている元日本代表の後藤翔太に3年くらい来て、教えてもらっています。いろんな人の意見を聞くことも大事ですが、なんでもかんでも押し付けるのではなく、「たとえば私の意見では、こういう方がいいと思っているんですが……」というような人にアドバイスを受けた方がいいと思っています。元日本代表選手でもシステムのことは絶対に言ってきません。

ベーシックなところがあって、そこを本当に徹底してやっていって、ちょっとずつ変化させていきたいと思っています。オールブラックス、ワラビーズ、神戸製鋼(現・コベルコ神戸スティーラーズ)がやっているというようなことは参考にすることもあります。理想の形かもしれませんが、たとえば神戸製鋼は外国人選手が中心になってやっているので、そのシステムを採用してもきっとうまくできないと思います。

だから私はできないことより、できることは何なのかを考えることが多いです。2020度大学選手権で優勝した天理大学のシステムも、簡単にやっているように見えますが、真似しようと思ってもできないと思います。小松節夫監督だから教えられるのでしょう。

◆今年度も実施したトップリーグセッション

2021年の夏、7月〜8月は1ヶ月、ずっとOBのトップリーガーが指導してくれました。コロナ禍だったこともあり、一堂に集まらず、密にならないように少しずつ分散して来てくれました。最初はトヨタヴェルブリッツの古川満とNECグリーンロケッツ東葛の横山、その後はキヤノン横浜イーグルスの小倉と日野レッドドルフィンズの竹中、リコーブラックラムズ東京の濱野大輔と栗原由太、東芝ブレイブルーパス東京の眞壁照男、東京サントリーサンゴリアスの小澤、中村駿太、祝原涼介の3人、静岡ブルーレヴズ(元・ヤマハ発動機)の白井吾士矛、埼玉パナソニックワイルドナイツの笠原開盛、床田裕亮、そして最後に日本代表で活躍する堀越と齋藤(ともに東京サントリーサンゴリアス)も来てくれました。

現役のトップリーガーで顔を見せなかった選手はほとんどいなかったくらいでした。それぞれFWやBK、全体などテーマを決めてセッションをやってもらいました。

日本代表にも選ばれたことのある小澤はそんなに大きい選手ではないですが実戦をいっしょにやってくれて、まるで「教科書」みたいでした。みんな、コーチングは上手かったですね。やっぱりチームでしっかりコーチングされているなという感じでした。とくにサントリーの選手たちは「キックオフのここの練習をやりたい」と言うと、マーカーを並べてさっとできます。きっと頭の中でしっかり整理されているのでしょう。とてもスムーズでしたね。

また日本代表の齋藤直人が来て、実際に教えてくれるというのは、高校生からしたらビックリする体験でしょう。堀越が来て間近で見て「こんな小さいんだ！」と思った選手もいたようです。

齋藤と堀越が高校生と一緒に練習するわけです。齋藤がスクラムハーフに入ってボールを捌いたり、自ら動いて指示を出したりする。堀越も良かったですが、齋藤は高校時代と違ってすごく上手くなっていたので見習うものがありました。「誰に教わったの？」と聞くと、「サントリーのコーチに教わりました」と話していたので、「もう1回来てくれ！」と頼んだら、ちゃんともう1回来てくれました。

◆キック指導は元日本代表の栗原氏が担当

キックの指導は、元NTTコミュニケーションズシャイニングアークスのコーチで、現在慶應義塾大学の監督である元日本代表の栗原徹さんに3〜4ヶ月に1回の頻度で来てもらっています。

きっかけは原田の代あたりだったと思いますが、当時キッカーを務めていた齊藤大朗(豊田自動織機シャトルズ愛知)のゴールキックがあまり良くなかった。そこで「ちょっとまずいな」と思い、日本で一番キックを教えられるコーチだと思い、栗原さんに来てもらうことにしました。

栗原さんが教えてくれる蹴り方は、今まで知っていたやり方とはまったく違っていて、私も知らないことばかりでした。「いつからこうなったの?」って聞いたら、サントリー時代に清宮克幸監督がたまたまイングランド代表をワールドカップ優勝に導いた名スタンドオフだったジョニー・ウィルキンソンを教えたキッキングコーチを連れて来て、「1ヶ月間、全体練習しなくていい。ずっとキック練習しろ」と言われて、「ずっとしていた」とのことでした。

そのコーチから教わったキックに変えたが、最初は全然うまくできなかったそうです。ただ、あるとき感触をつかんでできるようになったと言っていました。そこから栗原さんもキックが段々良くなっていったという話でした。

またジェネラルプレーからのキックに関しては、同点優勝してからスペースに攻めることはずっと意識していました。それまではスペースにキックを使って攻めるというオプションに、そこまで時間をかけていなかったかもしれません。ただ現在は、柔軟に攻めないといけないと思い、キックパスも多少練習しています。キックが蹴れる選手がいれば、スペースがあればもちろんキックをオプションとして使ってもいいと話しています。

20年度の花園初戦の茗溪学園戦でも、インゴールの左隅にあった狭いスペースに蹴ってよくトライを取ったと思います。またその前年度初戦となった2回戦、長崎北陽台戦、スタンドオフ伊藤とセンター桑田敬士郎(青山学院大学2年)の2連続キックパスは、おそらく花園史上に残るのでは……というくらいすごいプレーだったと思います。そのプレーを見て一番笑っていたのはキックを指導していた栗原さんだと思います。

最初、桑田が蹴ってトライが取れなくて、ポイントになって、次に伊藤が逆サイドに蹴ってトライを挙げました。あのときの映像はずっと残しているので、たまに教材として「キックパスってこうやってやるんだよ」と使っています。

また2020年度から試験的ルールが実際に導入されて、自陣から蹴って相手陣22mの内で、ワンバウンド以上させてタッチを割れば、マイボールラインアウトになります。このルールが導入されてもやることは大きく変わりませんが、キックのスキルはもちろん、いろんな発想が必要になってくると思っています。

◆昔から多かったリーダーとなる選手

桐蔭学園ラグビー部出身の選手が大学でキャプテンなどリーダー的役割を担うことが多いようです。布施先生のセッションを導入する以前から多かったように思いますが、私たちはリーダーを育成しようとか特別なことをやっている意識はなく、桐蔭のスタンダードを徹底してやっているだけです。

ただリーダー的資質の選手が多く育つ理由の一つとして、ハッキリ言えるのは、やはり集団が少し大きいというところが間違いなくあるでしょう。自分の中でいまどういう役割をやればいいのか自然と身につけていき、リーダーシップとはどういうことか、わかっていくのだと思います。また私たちは明確には言っていないのですが、個々に選手は部の運営をどうやっていくかってことも考えないといけないので、なんとなくそういう雰囲気はあります。

部員が多い中で、同じことをみんなに言ってもしょうがないので、そこでどういう違いをつけていくかという観点で見る生徒が出てくるでしょう。コーチサイドも自主性を持たせる、考えさせるということも常に指導の中には入れていますし、その影響も大きかったのではないでしょうか。

また単にしゃべるだけではなくて、誰も発言する人がいなかったらしゃべりやすい雰囲気を作ってみたり、「俺はこう思うけどお前はどう思う?」というように他の人の意見を聞いてみたりなど、いろんな方法があると思います。

高校生になると、ただ自分の正論を、思いをぶつけるだけという場合もありますが、ミーティングの中では意図的に逆のことを言ってみたりすることも出てきます。ただ発言したからといって、イニシアチブを取るわけでもないし、ミーティングを活性化するためにはどうしたらいいかとか、ただ自分が意見を言うだけではなくていかにそういう雰囲気を作らせるとか、もしくはいかに仲間を増やせるかということが大事です。

たとえばバックス選手が「俺はウィングとかフルバックという立場だとこう思うけど、フロントローやロックの選手はどう思うのか?」など1年中、練習中でもミーティングをやっています。大学でリーダーになるような選手は、きっと大学でもそういう話し方をしているのではないでしょうか。やはり、私たちがどんなにデータを突き詰めてやったとしても、それは多少参考にはなりますが、完全なものではありません。プレーするのはあくまでも選手だし、試合はナマものなので、常に状況が変わってきます。「対○○戦」といろいろ試合前に準備していたとしても、最後の一発勝負になると変わってくるということは、選手も十分に理解しています。選手たちも試合中、話ながら判断していると思います。

◆チームの中での役割を決める

キャプテン、副キャプテン、プレイングマネージャーを選ぶということは、役割を決めて、チームを運営する、円滑に進めるための責任を与えることです。

生徒にとっては勉強にもなるし、私たちが言わないとチームが動かないというようにはなってほしくありません。コーチがなんでも発信して選手みんなが待ってしまって「テイカー」だらけというチームは一番作りたくないと思っています。私たちが気づかないことに関して、彼らが発信して、それをみんなに浸透する、納得してやるということが大事だと思っています。

15～20年くらい前から、こういった形を明確に採用しています。おそらく私が監督になってから、金子コーチらスタッフと話して、選手たちの中にもいろいろな役割を与えることは必要な体制だと思ってやっていたと思います。役割を明確にすることも、リーダーを育成することにつながっているのかもしれません。

例えば、2021年度はリーダーシップの線が細いのであればそれを束ねて幹にしたほうがいい、リーダーを4人にした方がいいのでは……と布施先生にアドバイスを受けたこともあり、キャプテン1人、副キャプテン3人の4人をリーダーにしました。また布施先生を中心に大学でプレーする3～4年の若いOBたちにリーダー陣と話をしてもらい、チーム作りで悩んだことなどを相談して実践してもらっています。

昨年度ナンバーエイト佐藤健次みたいな、1年のときから選手として経験してきたキャプテンがいて、さらに青木、秋濱みたいなキャリアがある選手が周りにいれば、ある程度チームができます。そうではないときは、複数の選手をリーダーにして束ねて幹にしていかないといけない。そういったことを考えながら、毎年固定観念に囚われないことが一番大事なことだと思っています。

私の中でマネージャーといったらチームのマネジメントを担当する、監督やコーチの手助けする人を指していて、水を用意したりするようなマネージャーは必要ないかなと思っています。だから毎年部員からプレイングマネージャーを任命しています。

昨年度は慶應義塾大に進学したフッカー中山大暉と、明治大学に進んだプロップ倉島昂大が務めていました。基本的には福本コーチのサポートとしてつけていて、特に夏合宿などはいろいろと雑用や用事があって大変な役割です。

マネージャーを任せるのは、気の利く選手、気配りができるような選手です。誰しもができるわけではありません。高校1〜2年時を見てきて、マネージャーはなんとなくこの子かなという選手はいますが、私の一存で決めることはありません。新年度が始まるタイミングで選手を集め、「マネージャーは誰にする？」と聞き、チームで決めた選手に任せます。

試合に出ている、出ていないは関係ありません。もしダメだったら、向き不向きがあるので変えるときもあります。試合には出ていなかったですが、マネージャーだった選手の中には大学を卒業後、Ｇｏｏｇｌｅに勤めているＯＢもいます。今後、そういった経験のある人に現役選手に対してオンラインで話をしてもらいたいと思っています。

将来、トレーナーやレフリーを目指していて、どうしてもやりたいというのであれば、勉強の邪魔にならないように週3回くらい来るのであればいいのではと思っています。海外だと、中学生くらいからレフリーを目指して普通に笛を吹いています。もしそういった高校生がいて望めば機会をあげたいと思いますし、私や金子コーチはレフリー経験もあるのでしっかりと教えることができま

努力をし続けることができる選手というのが起用する際の第一条件

す。

◆将来、伸びていく選手の条件とは

中学、高校レベルまでは能力が高く活躍していたが、大学やトップリーグではあまり活躍できない選手がいますが、能力だけではなく思考の問題もきっとあると思っています。メジャーリーガーの大谷翔平選手のように、トップアスリートの中でも本当に突き抜けている選手を除いて、多くのアスリートは通用するのは高校レベルまでだと自分で気づいているはずです。

海外ではもっと低い年齢までしか通用しないかもしれないですが、いずれにせよインテリジェンスが必要だということがわかっていないとトップ選手にはなれません。もしトップレベルにいけたとしても、あまり活躍できずに終わってしまうでしょう。

だから自分がその世界でどうやって生きていくか、

どういう強みがあってどういう弱みがあるかわかっていないと、上のレベルではしんどくなってしまう。

逆に言うと、努力をし続けることができる選手にはインテリジェンスがあるとも言えます。私の中では、努力できる選手は起用する際の第一条件に入っています。どんなに能力があっても、努力が継続できなかったり、インテリジェンスがなかったりする選手はどこかの段階できっと伸び悩みます。最初はできなくても、僕らがいろんな話をして、それを理解した選手はやっぱり伸びていきます。能力だけで入部し、何も努力もせず「いつか俺がレギュラーになれるだろう」と思っているだけの選手は成長していきません。

「桐蔭学園は努力したものが勝つ」ということは選手たちにも伝えています。入部したときには差があるかもしれないですが、初心者だって努力を重ねてレギュラーになり優勝にも貢献して、最後は高校日本代表にも選ばれた選手がいます。

2年前の花園優勝メンバーに、現在は教員を目指し東京学芸大学に進学したロックの安達航洋という選手がいました。身長190㎝と背が高いという才能がありましたが、ほとんど初心者として入部してきました。それでも安達は、朝練でも放課後の全体練習の後も、ただひたすらキッカーと一緒に、キックオフボールをキャッチする個人練習をやっていました。その努力が実ってメンバーに選ばれ、優勝に貢献してくれました。

下級生たちには「安達は初心者だった。でもきっと人より練習したんだよね？　1つ強みを作っただけでメンバーに入れた。そして花園の決勝で味方のキックオフボールを2回触ったらチームが勝ったよね。わかる？」と話しています。

確かに安達には身長という才能があった。だから「自分は何をすればいいか」ということを理解した上で努力をしていました。何を磨けばいいかというインテリジェンスがあり、努力をし続けることができる才能も持ち合わせていた。だからこそ、セブンズでも15人制でも優勝メンバーになった。そういった思考があれば、大学に行ったとしても、そしてその後にトップリーグに行ってからも、もちろん社会に出てからも成長することができます。

僕らはずっとこういった思考を持ってほしいと選手に伝えています。高校時代から大学レベルのトップでも活躍するには、高校とまったくレベルが違う、という話もしています。

当然のことながら、まず、目の前のことを一生懸命やらなきゃいけないのは大前提です。それが道を拓くこともあります。今も昔も、将来や未来はそんなに簡単に予測できません。でも自分の目標があり、それに向けて一生懸命、しかも継続して努力できる選手はそんなに多くいません。

目の前のことをがむしゃらにやっていることで、道がパッと拓けるような選手もいます。いろんなタイプの選手がいますし、高校でも大学でも、社会に出ても自分を磨いてステップアップしていくことは変わらないと思います。

◆指導者として大事にしていること

基本的に、指導者として学びの姿勢をずっと大切にしていますし、実際にできているかなとは思っています。海外のコーチングを学んだり、海外の試合を見たり、日本代表やトップリーグの練習を見学させていただくことは大事にしています。

あとは、人と会うということですね。ラグビー関係の方だけでなく、ラグビーとは全く関係のない方でも、いろんな人と会って話すことは学びになりますし、気づきをもらうことも多いです。

7月には帝京大学に行って岩出雅之監督にお会いすることができました。この1〜2年、コロナ禍の影響でなかなか人に会えてないことは残念でなりません。最近もパラリンピックに出場したトライアスロン選手に会えるという話もあったのですが、その機会もなくなってしまいました。

次には学びで得たことや気づきを今度はどう噛み砕いて、高校生に話して、同じようなことを気づかせたり、与えたりするかということを考えています。

またラグビーのトレーニングでも学びで得たこと全てを指導に入れるわけではありません。桐蔭学園ラグビー部のコンセプトに合っているのか、今年のチームにハマるか、当然、メンバーができるかできないかもあります。だから、1回チャレンジしてみて合わないなと思ったら、捨てます。捨てるときは早いです。振り返らない、もう止めようということになります新しいことを取り入れることは、夏になったらもう無理だと経験的に思っています。僕らの基準の中では春先、遅くても5月くらいまでがギリギリかなと思っています。仮に6月に新しいことを取り入れたとしても、実際にできるようになるには3ヶ月はかかります。シーズン全体を考えたらあと半年あると思うかもしれませんが、それを試合で実際に使えるようになるかわからない。5月くらいに始めたものを夏にやってみて、使えるか使えないかで判断するというケースもあります。そこは僕らの経験則の部分で、時間をかけてやってみても、ちょっとこれは合わないということはあっさりと捨てています。

◆王者パナソニックの練習を見て得た気づき

人と会うという意味では、今年トップリーグ最後の王者になったパナソニックで監督を務めるロビー・ディーンズさんにお会いすることができました。

パナソニックというチームは選手個々の能力だけで戦っているのかと思っていましたが、ロビーさんに会って話をしてみてその心象は変わりました。ロビーさんという監督がいて、やはり選手の質も高いですし、しっかりチームを作っていることが改めてわかりました。

2021年シーズン中、練習を見学させていただいたのですが、ロビーさんは深い方だと思いました。日本代表の松田力也と山沢拓也がプレースキックの練習をしていたとき、ロビーさんはゴールポスト裏にいてずっとボール拾いをしていました。

「何をしているんですか」と聞いたら、ロビーさんは「誰にもやらせない。俺の仕事だ」と言うんです。おそらくボール拾いをしながら、誰がどんな個人練習をしているのかをずっと観察していたのでしょう。

他の選手を見ていても、全体練習後のタックル練習は習慣みたいになっていて、タックル練習をした後に帰っている選手が多かったという印象を受けました。いずれにせよコーチや選手の動きを観察しているロビーさんの姿を見ていると、選手からの信頼も厚いし、オーストラリア代表といったナショナルチームやスーパーラグビーで経験のある監督さんだなと思いました。

桐蔭学園ラグビー部OBの笠原、床田という2人の若い選手がパナソニックに在籍していますが、その2人はパナソニックのディフェンスシステムを全部話すことができます。床田なんてプロップの選手で、高校時代はラグビー理解度がさほど高くなかったのに、教官室で1時間、2時間も普通に話すことができます。

床田に「そんなことのできる選手だったか?」と聞くと、「パナソニックに入って苦労しました。戦術やシステムの話はミーティングでガッツリやっています。ロビーさんが言った通りにやると、たいていうまくいきます」と話していました。

パナソニックの通訳が47期の矢崎誠さん（桐蔭学園中出身、高校途中でニュージーランドへ留学）だったこともあり、練習の合間にロビーさんとは何回か話す機会も設けさせていただきました。すごく面白かったですし、勉強になりました。個人の問題ではなくチームで戦い、20年度のトップリーグでパナソニックがサントリーに勝った理由がなんとなくわかりました。

◆チームの力量は監督の器が反映する

チームの器、チームの力量というのは、やはり、率いる監督の器が反映してくると思っています。それはもう僕らは痛いほどよくわかっています。だから僕ら指導者がどこまで上れるか、頑張って上っていかなきゃいけない。とにかく上り続けていなきゃいけない。上に行って休憩して待っているくらいじゃないと、選手に何を聞かれても答えられませんし、選手に「はやく上がってこいよ！」と言えなくなってしまいます。

また毎年、画一的に決まった練習をして、ただラグビーだけを強くなろうと思ったら、多少できるかもしれません。ただ勝負に勝つのは難しいかもしれません。強くはなるかもしれないが、それは芯からの強さではないと思います。

いろんな薄い膜が何十にも重なって、重なって分厚くなっていきます。ポッと出たものはポッと落ちるので、弱くのなるのはすぐですが、強くなるだけでなく、勝負に勝つようになるには相当な時間が必要です。

結局は毎年のように花園で上位に進出するようなチームは、どこもしっかりとした土台を作っています。それ以外のチームは、失礼になるかもしれないですが、土台を作ってないというか、その土台が小さいのかもしれません。当然、土台が小さければ、三角形の頂点が高くならない。土台が広ければ広いほど、積みあがる山も大きくなり、突き抜けていきます。

土台がどこまで大きく広くなるのか。もし途中で止まってしまったら、もう山の高さは決まってしまうでしょう。土台をどこまで広げられるかでチームの力量がある程度、決まってくると思います。僕ら指導者の作業、やっていることは、グっと土台を伸ばしてあげることで、それをずっと、この20年以上やっているのです。

土台ができ始めて、山がグワッと伸びていき、選手たちが自身で頂点を作れるなと思ったら、ふっと手放す。そのタイミングが難しいのですが、それが早いときもあれば遅いときもあるという感じだと思っています。

◆若いラグビー指導者に向けて

最近の若い指導者はよく学んでいると思います。同級生がトップリーグの選手になったりもしているので、昔より学ぶ機会が多いのではないでしょうか。ただ、トップで学んだことをそのまま高校生の指導に対して、すぐに使えるわけではないのでそれをどこまで掘り下げていけるかが大事なことだと思います。

僕らもずっとそういう作業をしています。選手たちが実際できるというところでも、選手の置かれている位置にもよりますが、全体の70％が上手くいくようなメニューを考えます。能力の高い選手はそこから上にいけますが、上にいけない選手を何が悪くて、どう上げていくのかというのがコーチングの見せ所ではないかと思います。

全体の70％が上手くいかないという練習だったら、もしかしたらその練習はいい練習じゃないのかもしれません。

最近の若い指導者たちは難しい状況に置かれているのかもしれません。パッションのある指導者もいるでしょうけど、あまりそれを出し過ぎてしまうと少しやりすぎだと言われかねません。指導者としてトップにチャレンジしている方がどれくらいいるかわかりませんが、関東を見わたすとちょっと少ない気がしています。

私も花園に行ったら年齢は高いほうですからね。もうちょっと若い指導者が出てきてほしいなという思いは強いです。

福本剛

トレーナー兼コーチ

僕は34期生・望月雄太(元・東芝／元ラグビー日本代表)の代から、藤原先生や金子先生とともにトレーナー兼コーチとしてラグビー部の指導に携わっているので、今年で22年目になります。

僕自身は大阪で生まれて競技を始めました。小学5年生から大阪でラグビーを始め、親の仕事の都合で6年生に東京へ引っ越したので、ラグビーができる中学校を探して桐蔭学園中に入学。ポジションは主にスタンドオフでした。高校2年の時に藤原先生が、3年の時に金子先生が着任されました。

高校卒業後はアスレティックトレーニングを学ぶためにアメリカの大学に留学し、帰国後、ラグビー部スタッフに「ちょっと手伝ってほしい」と言われてラグビー部のサポートを始めました。後に学園の職員になって本格的にスタッフに入りました。

最初の頃は、トレーナー的役割が多かったですが、年を経て、少しずつ変わってきました。今ではチームマネジメントのような裏方の仕事もありますし、セカンドグレードのチームを見るコーチとしての仕事もあります。またスタッフは医学的など詳しくない分野もあります。そういう時は、チームドクターからアドバイスもらったり、スポットでトップリーガーが来校して任せしたりすることもあります。

昨今はコロナ禍ということもありますが、ある程度の年間スケジュールがスタッフの中ではできあがっています。だから「ここがダメだったらここ修正しよう」と良いものは残しながら、そうじゃないものはより良くしていくという方針でやっています。基本的には何でもまず取り入れてチャレンジします。長いスパンで見るものもあれば、結果がすぐ出ないなと思ったらやめる場合もあります。常にスタッフ全員で話し合い、練習メニューを決めています。

現在のような形になったのは、15年くらい前(40期生)、初めて花園で決勝に進んだ頃くらいからでしょうか。やはり全国大会の決勝まで行くのが大変だということもわかりましたし、優勝するのは簡単じゃない。じゃあ何をしなければならないかということを考えて試行錯誤しました。それを繰り返し、近年は成績が落ち着いてきたので、ある程度の想定はできるようになりました。選手達にこういう指導をしていけばこういう風に育っていくという感覚があるので、それを実行しています。

僕は主にセカンドグレードのチームを見ているので、やはりパスやタックルといったベーシックなところを丁寧に教えています。高校に入ってきたばかりの1年生にとっては、最初は「何でこんな基本的なことをやらないといけないのだろう?」と思っている選手もいるかもしれません。ただ時間が経ってくると、「ベーシックなところができないと桐蔭のラグビーができない」ということがわかってくる。そのあとは個々が努力し強みを伸ばし上のチームのメンバーに入る、入れないという段階になっていきます。20年度の花園の優勝メンバーの青木恵斗(帝京大学1年)は、1年生のときは花園のメンバーに入れなかった。同級生の佐藤健次(早稲田大学1年)が活躍していたので悔しさもあったはずです。1年生の終わりから人が変わったように練習するようなり、その後はずっと主力でプレーしていました。

下のチームから上のチームに上がって頑張っている選手がいることは非常に嬉しく思います。全部員がジャージを着て試合に出られるわけではありません。その中でも相手チームの分析をするとか、何らかしら分野でチームのためにサポートをしてくれる上級生がたくさんいて、コーチとしても助かっています。

桐蔭学園の強さの要因は、目の前にいい見本がたくさんあるからだと思います。先輩たちがやってきた事例があるので、少なくとも「こういったことをしなければここのレベルまでには絶対に行かない」ということがわかっています。例えば21年度、56期の中島潤一郎キャプテンの代は伊藤大祐、佐藤健次という代が上にいて、1年生のときからいろんなことを見てきた。その経験があるので「ここまでやらなきゃいけない」ということを知っている。常にハードルが高いわけですが、優勝を目指してやっているので「何をしなければいけないか」というのは明確になっています。

我々スタッフも初めて全国の決勝戦に出るまで、花園に出ることが精一杯でした。しかし決勝まで進んでくれたおかげで、いろんなものを積み上げていきました。今はいいサイクルができていると思うので、そのサイクルを今の選手たちがもう1つ上を行こうと取り組んでいるので、チームがうまく回っています。

いつか歯車が崩れるときは出てくると思いますが、そこを修正していくのはコーチングスタッフの力量なので、いろんな人の力を借りながら、今後もレベルを上げられるようにしていきたい。

卒業生は大学や社会人でラグビーを続ける人も、別の道に進む人もいます。その中でリーダー的な存在になっている人材が多いのは、考えて、自分で判断する習慣がついているからではないでしょうか。それは社会に出ても必要なことの一つですが、OBの選手たち自身も「桐蔭学園でラグビーしていて良かった」と感じてくれているみたいなので、こちらとしても教えていることは間違ってないのかなと思います。

ふくもと・つよし
1973年生まれ、大阪府出身。桐蔭学園中等部から高校に進学。桐蔭高校ラグビー部26期で主にSOとして活躍。高校卒業後はアメリカのサウスイーストミズーリー州立大学にアスレティクトレーニングを学んだ。帰国後、日本鍼灸理療専門学校を経て、母校ラグビー部のスタッフとなりトレーナー兼コーチを務める。現在は学校法人桐蔭学園職員。

齋藤直人（50期）

ラグビー日本代表／東京サントリーサンゴリアス

桐蔭学園には、中学2年生の終わりに、東日本大会の時に藤原監督に誘ってもらいました。当然、桐蔭学園が強いチームだということは知っていましたし、中学1年の時、ちょうどSO小倉順平さん（横浜キヤノンイーグルス）の代が花園で東福岡と同時優勝していたことも強く印象にありました。学校が実家と同じ横浜市にあると言っても通うには1時間半くらいと遠かったですが「すごく行きたい！」と思ったので進学を決めましたまず、高校1年生のときですが、3年生のFWに今も東京サントリーサンゴリアスや日本代表で一緒にプレーするHO堀越康介さんなどすごい先輩もたくさんいたので、めちゃくちゃ練習がきつかったことをよく覚えています。

また放課後の練習時間は2時間くらいですが、朝練に出るときには5時台の電車に乗っていかなければなりませんでした。また、当時は砂のグラウンドだったので、毎回練習着がドロドロになるので、洗濯が毎日大変でしたね。

高校に入学して夏くらいまではAチームに帯同させて試合に出させてもらっていました。その後、セブンズに呼んでもらってユース五輪などに参加してチームに戻ったら、藤原先生に「お前、セブンズ行ってからプレーが悪くなっている」と指摘されました。花園の神奈川県予選は、最初は試合に出られずスタンドで応援していましたが、最終的には試合に出してもらって結果を出せて花園のメンバーには入ることができました。

高校1年生の頃は、大変でしたが、のびのびやらせてもらっていたと思います。ただ藤原先生に「なんかハエが止まる（ような遅い）パスだ」とよく言われていたのでプレッシャーかけられ続けられたと思います。2年生になったら、交替させられることが多くなりました。試合でディフェンスのミスをしてBチームに落ちたことは、めちゃくちゃ悔しかった。さらにチームも神奈川県予選で負けて花園に出場できませんでした。

でもその頃から毎日、ラグビーノートを書くようになり、日々、すごく成長を実感できて、2年の終わりには高校代表にも入ることができました。今から思えばその頃が、ラグビー人生のターニングポイントだったかなと思います。

高校3年になってキャプテンになりましたが、どちらかというと言葉よりもプレーで引っ張ってほしいみたいな感じだったと思います。新チームが始動する時に、藤原先生に「お前ら次第で今後の桐蔭学園は変わる。強くなるも弱くなるもお前ら次第だ」という話をされたことを今でもすごく覚えています。結構、頑張りましたが、関東新人大会決勝で流通経済大学柏に負けるなど最初はなかなかうまくはいかなかったです。

そこで、自分たちの代のリーダーたちで帝京大学の練習を見に行ったことがあります。藤原先生は、自主性というか、選手から進んでやっていかないと強くなれないということを気づいてほしかったのでしょう。当時は、まだ自主性があるようなチームではなかったので、藤原先生はゲームの組み立てとかを選手主体に考えた方が結果につながると思っていたようです。

選手たちだけでミーティングを重ねることで、どういう戦い方をするかとかは、自分たちで考えてやっていくようになりました。自分たちで考えたことは良ければ藤原先生は何も言うことはなかったですが、ちょっと思うとこがあれば少し話をされていました。戦い方を自分たちで考えて、決めるようになってから自分たちの代は伸びて、花園では決勝まで行くことができました。結局、決勝に進んだことに満足してしまったのか、優勝できなくて悔しかったですね。

ただ僕としては、目標を設定する部分は今でもやっていることなので、いい経験になりました。大きな目標からどんどんこう枝分かれさせていき、「結局、今一番必要なことって何なんだろう」ということを考える癖がつきました。それは、ラグビーだけでなく、物事の考え方全体についても共有することで、そのことは今でもすごく活きているなと思っています。

高校3年間、桐蔭学園でラグビーをやって、スキルや考え方が身に付いたことはもちろんですが、ラグビーでは体を張らなかったり、力を抜いたりするというごまかしは絶対いけない。そういうことをする選手は評価されませんし、味方からも信頼を得られないということを学ぶことができました。

サンウルブズに選ばれたとき、将来、海外でプレーしてみたいという気持ちが芽生えたので英語の勉強も欠かせません。特に9番だからコミュニケーションは大事です。でも、筋肉と一緒でほしいからってすぐに得られるものじゃないと思うので英語もコツコツ努力していこうと思っています。

今、日本代表として2023年ワールドカップ出場という大きな目標があります。もちろん自分の実力も関わってくることですが、今、東京サントリーサンゴリアスで、そのために自分の必要なこと、やらなければいけないことを常に考えて練習、プレーしています。

©東京サントリーサンゴリアス

さいとう・なおと
1997年生まれ、神奈川県出身。3歳からラグビーを始め、桐蔭学園(50期)時代は高校1年と3年で準優勝を経験。早稲田大では1年から活躍、4年時は主将として優勝に導いた。大学卒業後、サントリーサンゴリアスに入団し1年目から試合に出場し準優勝に貢献。ポジションはSH。日本代表キャップ6。

TOIN GAKUEN RUGBY FOOT BALL CLUB

第7章

高校ラグビー、日本ラグビー界への提言

◆試合過多になっている高校ラグビー界

２０２０年度から２０２１年にかけてはコロナ禍で試合があまりできませんでしたが、通常、高校ラグビー界の強豪にとっては試合数が多すぎると感じています。大きな大会でいうと花園が12月から1月上旬に行われ、選抜大会は3月に開催されます。

たとえば２０１６年の12月25日に花園のために大阪に行き、関東の新人戦が終わった17年の２月18日まで、試合がなかったのは2月5日の週、1週間だけでした。選手によっては毎週、休まず試合に出場している子もいました。高校生を伸ばすためには、休ませることも本当に大事なことだと思います。２０１９年に日本でワールドカップが開催されましたが、どうして見直さないのか……。

過密スケジュールで試合をやってもケガ人ばかり増えてしまって、伸びる選手も伸びなくなってしまいます。

２０１６年度の花園の3回戦、新潟工業(新潟)戦は47－0で勝利したものの、50点差のつく試合は誰も見たくないでしょうし、相手に申し訳ないですが、その試合ではBチームで臨んで主力選手を温存させました

現場の声もあって、２０１７年度の春の選抜大会から登録人数が25人から30人に増えて、花園も17年度からそうなったことは歓迎しますが、夏にはセブンズ(7人制ラグビー)の全国大会もあり、

試合の過密日程の大幅な変更にはつながっていないと感じています。

◆将来の高校ラグビーのあるべき姿

2022年からトップリーグにかわり新リーグの「リーグワン」が始まるにあたり、リーグワンのチームが下部組織を作るという話も出てきています。高校の部活ではなく、ユース年代のクラブチームみたいなものができると、中学生の受け皿が増えるでしょう。そうすると高校の部活動では、今でも合同チームが増えているのに、ますます部員が15人揃わないチームが出てくるでしょう。

Jリーグのように地域に根ざして子どもたちの受け皿になっていくようになれば面白いと思う一方で、学校の部活でスポーツにはもう力を入れていかないというところが増えていくのではないでしょうか。1人や2人で競技を行う卓球やテニス、バドミントンなどは別として、サッカーは競技人数が多くても競技人口が多いのでいいかもしれないですが、競技人数が多く競技人口が少ないラグビーはかなりしんどいと思います。だからそうなってくると、いずれはラグビーも学校ではなく、クラブチームやユースチームに移行していくという時期が来るかもしれない感覚はあります。

そうなる前に、放課後プログラムのように、地域で受け皿を作れたら面白いと思います。そうすれば、週末だけかもしれないですが、OBで、社会人ではラグビーをやっていないサラリーマンもいろいろ携われるかもしれません。ラグビーのクラブ化ということになりますが、面白いと思いますが、日本にはなかなか根付いていないのが現状です。

そもそも少子化が進んでいっているので、高体連（全国高等学校体育連盟）がそのまま残っていくかどうかもわかりませんし、移行期があって入れ替わることがいずれは起こるかもしれません。野球でも言われていますが、ラグビーも競技人口は減る一方でしょう。ただ野球はトップにプロがあり、しっかりと稼げるイメージがあるので、ラグビーとは状況が違うかもしれません。

◆新リーグが創設、地域密着化の流れに

２０２２年、トップリーグが「リーグワン」という新リーグとなり、地域に密着することはいいことです。今までのやり方ではラグビーが下に、下に広がっていかなかった。いまラグビーをスタジアムに見に行く方は年配の方が中心ですよね。２０２１年の東京オリンピックを見たら、子どもたちはみんなスケートボードに興味を持ったはずです。だからラグビーでも日本代表になったら稼げるとか、子どもたちに夢を見させることも大事なのではないかと思っています。

リーグワンのチームがアカデミー組織を作り、テクニックやスキルを教えることは素晴らしい取り組みだと思います。放課後プログラムみたいに、地域に密着しているスクールを邪魔しないよう

な形で、リーグワンのアカデミーは平日にやり、週末のスクールの試合においてアカデミーで習ったことを実践するような共存、共栄の形が理想ではないでしょうか。

ただリーグワンのチームがアカデミーを下部組織みたいな形にしてしまうのもどうなのだろう……と思っています。今度は、そのアカデミーに入りたくても入れない子どもが出て来てしまうかもしれません。

Jリーグのジュニアユースチームはセレクションをし、加入できる人数を制限しているかと思いますが、それはサッカーだからできるのであって、ラグビーはそこまで競技人口もいないし、子どもたちに広がってもいない。ただただ、子どもの頃から身体能力のある、技術や能力のある子どもだけが上に上がっていくという形にしてしまうと、ラグビーにいい人材が戻ってこられない恐れもあります。

だから、今はそういう時期ではないと思うので、ラグビーが広がるように、みんなが楽しめるスポーツであってほしいですね。

◆企業スポーツがいいかプロリーグがいいか

「リーグワン」となり、少しプロ的になりますが、企業スポーツという枠組みはきっと残ります。ラグビーが、プロリーグがいいのか企業スポーツがいいのかという問題ですが、これに関しては選手の立場と僕らの立場は違うと思います。選手からしたら、今のままの企業スポーツの方がいいと思う人もいれば、プロリーグの方がいいと思う人もいるかもしれない。

ただ我々から言えば、プロだけでなく、企業で働きながらラグビーをやるという選択肢があるのは悪くないかなと思います。もしラグビーはリーグも選手も全部プロじゃなきゃいけないとなったときに、チーム数は減ってしまうし競技人口も限られてしまいます。そうなると地域密着という話からも、少し外れてくるところもあるかもしれない。そのあたりのバランスをどう取っていくかということは今後の課題だと思いますし、ものすごく難しいことではないかなと思います。

いまラグビー界に必要だと思うのは、まずはやはりラグビーの競技人口を増やすこと、そして選手たちだけでなくラグビーに関わる人たち、たとえばコーチやトレーナー、ドクターもそうだし、それからマネジメントサイドに関わる人たちを増やしていくことが大事で、そういうことをやっていってほしいと思います。

アマチュアスポーツだった時代が長いラグビーはマネジメントやイベントを企画することなどはあまり上手ではありません。なんでもラグビー協会に任せてしまう場合が多いような気がします。日本だけでなく、世界を見わたしてもラグビー経験者で、優秀な人は本当にたくさんいます。そういう人たちに協力をお願いすることは多分できるはずですし、やっていってほしい。桐蔭学園ラグビー部OBの菅原聡さんのような若い起業家が日本ラグビー協会などにいいアイデアを出してくれたらいいなと思っています。

◆ラグビー日本代表について思うこと

ラグビー日本代表については、2015年、19年のワールドカップを見ていて最近の躍進は本当にすごいと思います。個人的なことを言うと、やっぱりトニー・ブラウンコーチは選手からの信頼も厚いし、彼が指導しているというアタックは人材をどう選ぶかというところから独自路線なので見ていて面白いです。スーパーラグビーとも違うし、逆に、スーパーラグビーや他のナショナルチームが日本代表を真似することもあるくらいですし、私も日本体育大学出身なので、ランニングラグビーという血が多少なりとも流れているので、トニー・ブラウンコーチの目指すスタイルは見ていて楽しいので好きですね。

エディー・ジョーンズHCから引き継いで現在はジェイミー・ジョセフHCが日本代表を指導していますが、優秀な監督やヘッドコーチというのは見ていてわかります。ちゃんとチームの素材に合わせて強みを作っています。それぞれの指揮官には、絶対譲れないところとか当然あるでしょうけど、それにプラスして、そういった強みを作っていくので見て楽しいですし、日本代表の方向性は間違っていないと感じています。

２０１５年ワールドカップにおいて「ブライトンの奇跡」と呼ばれた試合で、ラグビー日本代表が南アフリカ代表に勝ったことがすべてです。あの試合がなかったら今はないでしょう。15年のワールドカップで、日本代表が1勝もできなければ、また日本のラグビーは沈んでいくのではないか……とスタッフと危惧していました。

ここまでラグビーが盛り上がったのは、エディー・ジョーンズＨＣが選手たちを鍛えて、その選手が頑張ったことが一番だと思います。すべて南アフリカ代表との試合で日本代表が勝ったことで今の道が開けていると思います。

それが日本で開催された２０１９年ワールドカップにつながって、ヨーロッパの強豪・アイルランド代表、スコットランド代表に勝利するという奇跡をやってのけた。昔の日本代表を考えたら信じられないことです。

ワールドカップ日本大会では、桐蔭学園は横浜にありますし、日本代表にＯＢの松島幸太朗がいたこともあり、予選プールの日本対スコットランド戦の食事付のプレミアムチケットが理事長宛に届きました。当初は「藤原が行け」という話でしたが、私は「学校に来ているので学校関係者が行ってください」というと結局、校長が行きました。ちゃんとドレスコードの指定もあり、メインのいい席だったそうです。

個人的には横浜で開催されたオールブラックス対南アフリカ、日本対スコットランド、準決勝、決勝のチケットを取って観戦しました。教え子の松島は特別に大きな選手ではなかったですが、自分の強みを発揮していたと思います。4試合生で観戦しましたが、どれもいい試合でした。ニュージーランド対南アフリカはオールブラックスのジャージーを着て観に行くと、客席で南アフリカの方と話す機会もあって面白かったです。

◆ワールドカップを見てあらためて思ったこと

日本で開催されたワールドカップを通して、改めてラグビーがプレーしている選手だけでなく、見ている人たちも含めてみんなが楽しめる競技になってほしいと思いました。

ラグビーという競技を発展させるためには、魅力あるスポーツにしないといけないと常々思っています。そのためには、とにかくラグビーに関わるいろんな繋がりを作って、ラグビーは「きつい、汚い、危険」ではなく、「見ても、プレーしていても、教えても楽しい」と思ってほしいです。

ラグビーで大きなケガをするシュチエーションというのは、ほとんどがスクラムやラック、タックルに限られており、ルール通りにちゃんとプレーすれば安全なスポーツです。そのため危険なプレーをする選手たちには、特に厳しくあたるようにしています。

ある高校が練習に来きたときに「亀ラック（スクイーズボールとも言う。ボールキャリアが相手にタックルされたあと、頭を地面につけて股の下からボールを出すプレー。日本だけでなく、世界的に18歳以下は禁止）」をやったことがありました。その時は「たまたまかな」と思って見ていたら、もう一度やったときに私は練習を中断して選手たちを集めました。「日本では亀ラックをやって、強豪校のいい選手が事故にあったことがあります。もし君の学校の先生がやれと言っているのであれば、桐蔭学園の藤原監督に怒られた、こういった理由があって禁止になったと伝えてほしい。君たちが同じような事故にあったら大変だし、ラグビーという競技をつぶすことにもつながってしまいかねない。抗議は全部、俺が受けるから」と伝えたことがあります。

２０２１年の東京パラリンピックや「ゆるスポ」などを見ると一部の人だけができるスポーツじゃなくて、ラグビーもいろんな人ができるスポーツになってくれたらいいなと思います。「ゆるスポ」のハンドボールはゴールを決めるごとに大きな魚を持ってプレーするなんてユニークな発想だと思いました。スポーツがあまり好きではない人にどう好きになってもらうのか、というのは大事な視点です。ラグビーも競技人口を増やす、裾野を広くするためには、ただただ本物を突き詰めるだけでなく、入り口はどういう形でもいいので、ボール１つで男女とか年齢関係なく、誰でも簡単にできるような形で普及みたいなものができればいいのかなと思います。

いずれにせよ、ラグビーという競技を広めていくためには、小さいところから大事にしていかないといけないいと感じています。

◆オリンピック競技の7人制ラグビーについて思うこと

世界的にもそう見ていると思いますが、私の中でも15人制ラグビーとセブンズ(7人制ラグビー)はまったくの別競技だと思っています。だから両競技において選手が重複しているのは、ちょっと厳しいと思います。ちゃんとセブンズ専任の選手を確保してプロとしての組織を作って、ワールドシリーズのツアーに出ないと夢もないです。

セブンズは1回の大会で勝った負けたではなく、ワールドシリーズのように年間10大会などのサーキットで戦って、総合優勝したチームが一番評価される方式がいいのではないかと思います。

2021年度も桐蔭学園の選手がセブンズ(7人制ラグビー)のユースアカデミーの合宿に呼ばれましたが、現在、コロナ禍のためオンラインで行われているTID(TalentIDentification=人材発掘・育成)キャンプ(=高校日本代表合宿)と日程が重なってしまいました。セブンズのアカデミーに選手を呼んでいただくのはありがたいことですが、年間スケジュールくらい出してほしいと伝えました。

そもそもセブンズは別競技だと考えていますし、高校生ではツアーは無理と言うかもしれませんが、本当にセブンズを強化するのであれば、高校、大学といった枠組み関係なく、ユース年代でツアーをやらないと強化につながらないと考えています。

高校から大学にかけての20歳前後のセブンズだけでなく15人制ラグビーの選手には、将来の日本ラグビーを担うような選手たちもいるので、キャリアとして早い段階で、世界と対戦する経験を積むことはいいことです。

イングランド代表ではBKだけでなくFWでも20歳くらいで代表になっている選手がいますが、日本にはそういった選手が本当にいるかどうか、微妙なところでしょう。いずれにせよ、1年後か2年後、コロナが終息した後に、ユース世代の選手に対して、どういった環境を作っていくかということは、将来の日本ラグビーの強化のためにも非常に大事なことだと思います。

菅原聡（36期）

一般社団法人Green inovation代表理事

私は現在「一般社団法人Ｇｒｅｅｎ ｉｎｎｏｖａｔｉｏｎ」を立ち上げ、イノベーターの育成事業や企業のＥＳＧ、サステナビリティ推進の支援を行っています。また桐蔭学園ラグビー部ＯＢの一人として２０２１年春から「ＯＢキャリアセミナー」の運営をお手伝いしています。

父の影響で小学校５年生から鎌倉ラグビースクールで競技を始めました。公立高校も受かっていたのですが、父の「ラグビーが強いほうがいい」という勧めもあって桐蔭学園に進学しました。１つ上の代には日本代表でも活躍したＳＨ後藤翔太さん（現・早稲田大学コーチ）、１つ下に元ＮＥＣのＷＴＢ首藤甲子郎さんらがいました。

当時はまだ加藤清澄監督が指揮していた時代で、藤原先生はコーチをされていました。ポジションはＨＯだったので、主に加藤監督、金子コーチと接する時間が長かったです。３年時はレギュラーになり、夏合宿では、元日本代表ＳＯ正面健司らがいた東海大仰星に勝利するなど、「花園で優勝する」という思いで練習に明け暮れていました。

しかし神奈川県予選の準決勝で９－11と法政大第二高に負けて花園に出場することができず、本当に悔しかったですが、３年間、桐蔭学園でラグビーができたのは一生の財産です。

大学は早稲田大学に進学しました。ラグビー部に入部しましたが、２年で辞めて世界一周の旅に出ました。そして帰国後、スポーツを通じて社会問題を解決する「ＧＬＯＢＥ

PROJECT」を立ち上げ、フットサルの大会を企画し、開催するコートと同じ広さの地雷原をなくしていく活動を始めました。

また、東日本大震災の後、東北のラグビースクールの子どもたちをラグビー日本代表の試合に招待するというチャリティーを実施しました。藤原先生に相談したところ即決でご協力いただき、中学生との対戦や、現役の高校生たちの指導等をアレンジいただき、本当に感謝しています。

さて、「OBキャリアセミナー」について話したいと思います。元々は桐蔭学園ラグビー部OBの先輩方と話していた際に、「お金を出す以外にOBとして何か協力できないか」と話していたことがきっかけでした。また藤原先生も「様々な分野で活躍しているOBと現役生をつなげたい」という希望もあったようです。

28期の岡田吾一さん(プルデンシャル生命)に統括していただき、リクルート時代にキャリア支援の経験もあった私がセミナーを運営するということになりました。

桐蔭学園ラグビー部からトップリーグ(2022年からはリーグワン)や日本代表選手が多く輩出されるのは誇らしいことですが、将来全員がラグビー選手になるわけではありません。そこで現役生と対話しながら、様々な業種のOBに講演してもらう機会を設けています。

様々な分野で活躍するOBの話を聞くことで、高校生にとって直近の大学選択だけでなく将来の選択の幅を広げてほしいという狙いがありました。また、目の前の練習や勉学に励むことが将来につながっているという安心につながるとも考えています。

高校生の段階で「将来この職業に就きたい」と思える人は幸せですが、無理に絞る必要はなく、今の自分の興味範囲だけでなく、広く世界や仕事を知る、興味を持つきっかけがあることが重要だと思います。大学入学後に「そう言えば、あんな先輩がいたな」と思ったとき、すぐに連絡できる関係ができると良いなと思っています。

この活動を通じて資金面だけでなく、桐蔭学園ラグビー部OBと現役生の交流が促進されるとともに、より強い繋がりができればと思っています。

すがわら・そう
1983年生まれ、北海道出身。2008年早稲田大学卒業後、(株)リクルートに入社。ミニットアジアパシフィック(株)でChief Strategy Officerとして経営戦略に関わった後、(社)Green innovationの代表理事を務める。NPO法人GLOBE PROJECT創設者で代表理事も務めている。

TOIN GAKUEN RUGBY FOOT BALL CLUB

第 8 章

今後の指導者としてのキャリアについて

◆指導者は生徒と対話ができないといけない

20代の若いときは、ときには手を上げてしまうような厳しい指導もしたこともありましたが、今はもうそういう時代ではありません。生徒個人の個性を潰したりしてはいけないし、個性を理解しないといけません。

高校年代の選手は多少の変化はありますが、根本的にはそんなに大きく変わってはいません。金太郎飴みたいな子ばかりを作ろうとする教育をしなくてはいけない時代から、ここ最近は個性を重視する教育へと変化してきました。ただそうなるとじゃあ、個性っていったい何ってなっているわけじゃないですか。

地毛が茶色でも黒に染めろ、などというブラック校則なども、今はネットの時代なのですぐに叩かれますが、昔はそういったことが当たり前でした。そういう意味ではだいぶ変わってきたと思います。多様性とも言われる時代になりました。子どもたちにとっては暮らしやすくなってきたと思います。いろんな意味で個性が出てきたと思います。

高校の指導者、教諭として、当たり前ですが、個々の生徒のパーソナリティーに関しては、そこは変えることはできないです。もちろん余計なことを言うことはありません。

今でも指導者による体罰のニュースが出ていますが、そういう方はおそらく勉強していない、学んでいく姿勢が低い方なのかなと思います。また基本的に、生徒と対話ができない、人を受け入れることをしていない人が多いのではないでしょうか。その人がどういう考えや意見を持っているかとか、どうしてそういうことをやっているのかという、聞く耳を持つことができていないのかなと思ったりします。

長年指導をしていると、自分のコーチングスタイルがどんなものかわかってきます。また企業などでやっているかわからないですが、ＤＩＳＣ®（ディスク・行動スタイル分析アセスメント）などを受ければ、自分のコーチングスタイルがドミナントスタイル（相手を思い通りにコントロールしたいという傾向）だということもわかるし、そういった研修は必要かもしれません。自分ではわかっていましたが、結果として数値で出れば、より気をつけていましたし、変えるためにはどういったアプローチをしようかなと考えますよね。今では「なんでそういうことしたのか」「なぜ、そのプレーを選択したのか」と聞いています

だからコーチも生徒も含めて、一年に一度くらい、自分がどういうタイプかというＭＢＴＩ（マイヤーズ＝ブリッグス・タイプ指標）診断などもミーティングでやったりしています。自分がどういう人間か、どのようにあるべきかなどは、自分自身で理解しておかないといけないと思います。

自分は絶対いいなと思っていても、それが他人に当てはまるかわかりません。右の人はいいと言うかもしれないけど、左の人はちょっと違うというふうになることもあるでしょう。会議だって「こ

の案、悪くないですか？」と固定観念が強すぎて断定的に言う人がいますが、ときには他のアプローチや腹案があるのではと提案してみたり、その案にあえて反対したりすることで議論を活発にすることも必要だと思います。

部活でも学校でも生徒と接するときに、一つの手法しかない、奥深さがないと生徒も心のシャッターを閉めてしまう恐れがあります。そして何か困ったことがあっても相談してこないかもしれません。そうなってしまえばその生徒との関係性は保つことができなくなってしまいます。それは教員としてのスキル不足だと思っています。

高校1年生の段階では言ってこないかもしれないですが、受け入れる姿勢、関係性があると高校2年生、3年生になると「先生、こういう考え方もあるんじゃないですか？」と絶対に言ってくるものです。

2018年度から3年間、ラグビーだけでなく、野球、サッカー、柔道、剣道の部員たちが中心となったアスリートクラスの担任に初めてなりました。中でもサッカー部と野球部は難しい時期でもありました。ともに監督が変わってしまって体制がガラリと変わりました。

最初の保護者会のときに「サッカー部と野球部の保護者のみなさんも子どもと同じようなことを言っていませんか？　もし口にしたら子どもはその倍言うと思います。大学やプロ野球、Jリーグなどでも監督が変わるということは普通にあります。それがちょっと前倒しで来てしまったなと考えてください。でも私がサポートできるところはサポートしますし、話をするところは話します。精一杯やりますので、是非ともよろしくお願いします」という話をしました。

そういったことを面前で言う人はなかなかいなかったでしょう。一番触れられたくないことだったかもしれません。でもおかげでグッと刺さったようで、心をオープンにして聞いてくれました。

アスリートクラスの生徒の前では、クラブとはまるでキャラを変えて、ただのおっさんでいました。「藤原先生、なんかクラブとクラスではすごく違うらしいですね。クラブではめちゃくちゃ怖いんですね!」とか言われましたが、「一部の人がそう言っているんじゃないの?」「3年生はそう感じていないかもしれないよ」と答えていました。

教員も私たちみたいな年齢になると、意図的に変えたりするのは、当たり前の話だと思います。生徒はもちろん、保護者との人間関係、関係性を保つことは大事です。

◆近年、意識し始めた「桐蔭ファミリー」という絆

なんとなく周りは使っていましたが、「桐蔭ファミリー」という言葉を明確に使うようになったのは3年くらい前からでしょうか。僕らコーチ陣もこの言葉を使うようになりました。

グラウンドではOBのトップリーガーにセッションをやってもらいました。グラウンド外ではキャ

リア教育として、3年生中心にオンラインですが、リクルートで働いていて、現在は起業している菅原聡さんを中心にOBに話してもらう機会を2回ほど作りました。

現在はもうラグビーを辞めたOBたちですが、いろんな業種に進んでいるので、いま会社はこんな感じだとか、この業界はこうだとかという話をしてもらいました。コロナ禍はオンラインでしかできないですが、いずれはもっと広げていこうという話をしています。

高校でラグビーだけをただやるのはつまらないですし、もうちょっとその先につながるものがやはりないと……と思います。OBを通して社会と繋がりを持つことはすごく大事です。それが将来重要になっていくということは、3年生の生徒たちも感じてきていますし、今後、より気づいてくれると思います。

試合に勝ったときはもちろん嬉しいですし、モチベーションにはなっています。ただOBが戻ってきて生徒を指導してくれるときはとても嬉しいです。日本代表やトップリーガーがグラウンドで指導してくれることはもちろん、菅原みたいにいまはラグビー選手ではなくても、社会人になって戻って来て「なんか手伝いますよ!」と言ってくれることは最高の喜びです。他の部活動ではあまり見られないですし、教員になって、こんなにありがたいことはなかなかないですね。

花園に出場したときにOBから寄付をいただくことも嬉しいことです。花園で単独優勝した後、44期一同は期にちなんでボールを44個寄贈してくれました。2回単独優勝したので2回持ってきてくれました。本当に感謝しかありません。

今でも高校生から教えられることもありますが、OBたちから教えられること、刺激を受けることもあり人生の勉強になっています。ありがたく思いますし、「桐蔭ラグビー部」の財産です。さらに頑張らないといけないとやる気につながっています。

試合に勝てばもちろん嬉しいですが、ただずっと勝ち続けることはできないので、そこにずっと価値を見出してもしょうがないかなと思うところもあります。だからこそ生徒の成長を見守り、将来どんな選手や社会人になって、またOBとなって桐蔭ラグビー部にフィードバックしてくれるのかを考えることは楽しいし、価値があるのではとないかと感じています。

現役の高校生や卒業したばかりの大学生にとっては、花園に出たかどうかを重要視しているかもしれませんが、そこはあまり関係ないと思っています。やはり高校生には将来、未来がありますし、大人になって、また「桐蔭ラグビー部に携わりたい」と思ってくれることが一番嬉しいです。

◆教員だからこそ社会やビジネスにアンテナを張る

僕ら教員は一般社会に対する知識、経験が低い人が多いかもしれません。私は社会人ですが、教員しか経験したことがありません。だからこそ、私はラグビーやスポーツだけでなく、社会や政治などにも興味を持ったり、いろんな分野の人と会ったり、本や新聞を読んだりして常にアンテナを張っています。

高校生を教える際には、最後は社会と繋がっていることを見せないといけないと思います。「将来、どうなりたい。どうありたい」ということは大事なことなので、そういうことは常に考えさせなきゃいけないと思っています。

以前、サイバーエージェントに務めていた桐蔭学園ラグビー部のOBにオンラインで話をしてもらったときに、「うちの社長の藤田(晋)が人を採用する際の決め手は『運がいい人かどうか』なんです」と言っていました。すごい発想だなと思い、生徒に「面接で運が悪いと話したら、その瞬間に採用はなくなってしまう。それでは運がいいって何？」と聞いて、考えさせることができました。

生徒たちに言葉にして質問することで、一生懸命考えさせることができるし、こういった話は生徒に響きます。だからこそ人に会って話をすることは大事なことだと思っています。

人と会うというのは、コロナ禍でいま一番ちょっとできていないことかなと思っています。それでもたまに慶應義塾大野球部の堀井哲也監督から「今の高校生どう？」などと電話がかかってきたりするので、逆に「コロナ禍でどんな指導していますか？」と聞いて、いろいろ勉強になったりしています。

私が、たまたまラッキーだったのは、昔のラグビー部のOB会長に「先生だからって偉そうにしているんじゃねーぞ！」と言われたことでした。まだ若かったので少しカチンと来ましたが、今でも、その言葉は強く印象に残っています。

世間からしたら、僕ら教員はそう見られているのではないか。「教員の常識、世間の非常識」みたいなことが、もしかしたらあるのかもしれません。教員はどうしても狭い範囲内で生きているので、フラットに判断することが上手くないのかもしれない。

ただ人に教えている人間じゃ困ってしまいます。そのためにもＯＢや他の業界の人と話たりして、自分はどこで何をやっているのかなということは再確認しないといけない。私はたまたま桐蔭学園の藤原で、ラグビー部の監督をしている立場ですが、フリーになったら私を同じ待遇で雇ってくれる学校、会社が果たしていくつあるか。やはり、その根本を忘れてはいけません。

◆高校ラグビーの指導者のススメ

日本体育大学を卒業するときは、時代背景もあってどこにでも就職できるような感じでした。最後の最後まで粘って待って桐蔭学園の話が来たことを考えると「残り物に福があった」ですかね。桐蔭学園の教員を選んで本当に良かったと思っています。

今では転職するのが当たり前で、一生一つの会社で働くような時代ではないのかもしれません。

それでも一つの会社で勤め上げるのがいいと思っている人もいると思います。どちらの価値観がいいか悪いかなんて言えません。

30年あまり高校ラグビーの指導者をしていて、一番面白いのは、生徒はもちろんのこと、OB、スタッフ、大学の指導者など多くの人が携われることです。こんなにも多くの人と携われる職業はなかなかないのではないでしょうか。

本当に多種多彩、いろんな人がいるし、いろんな人の考えを聞けるので私も日々勉強になります。私は桐蔭学園の教員というのが基本で、ラグビーに関わらせてもらい、多くの人に関わりを持たせてもらっています。現在では「チーム桐蔭」、「桐蔭ファミリー」という言葉が一番、しっくりきています。

金子コーチや福本コーチ、前田さんもそれ以外のスタッフの人たちもそうですが、私は特別に突出した能力があるというわけでもないので、サポートしてくれる人たちがいて、すごく恵まれているなと思います。ラグビーを通して人に携わることが多くて本当に楽しいです！

◆指導者として思い出の試合

指導者として覚えている試合は本当にたくさんあります。

2005年度、初めて花園の決勝進出を決めた、常翔学園との準決勝で、逆転して勝った試合は印象に残っています。逆転トライをして仲宗根がゴールを決めました。苦しいところから逆転して勝利した。その前年度は神奈川県予選で慶應義塾に負けて、3回戦敗退でしたから。それに決勝で伏見工業に負けた試合も、当然、2010年度、東福岡と両校優勝した試合も覚えています。東福岡との試合では松島、竹中、小倉といった素晴らしい選手たちがいました。あのような人材に巡り会うことは指導者としてもなかなかないことだと思います。今後の指導人生においてもそういうチャンスがまた巡ってくるかどうかはわかりません。

そのメンバーの中でも松島は自分のスパイクをパスポートにして、世界を股にかけて輝いています。日本代表においても、彼のような経歴のある選手はいないので、僕らの中では特別な選手です。

また2019年度の花園決勝で勝った試合も印象に残っています。ノーサイド直後、走馬灯のようにいろいろな思いがよみがえりました。もちろん昨年の大会も6試合やりましたが、1試合1試合に思い出があります。

本当それぞれの代にいろんな思い出があり、花園で積み上げてきた結果として、結構な勝率になっており「こんなに勝ったんだな」とビックリしました。コーチ陣とも「本当に毎年毎年の積み重ねだね」という話をしていました。

冬の全国大会が関東近郊で開催するのであればいいですけど、大阪で開催するとなるとまた違います。花園では、シード校は1週間経たないと試合がないのでペース配分なども選手たちは経験していないとわからないことだらけです。ホテルでの生活や一日のリズムも慣れるには時間がかかります。だから花園ではアウェイ感も強いですし、関西以外のチームがポッと行っても勝てるものではないと思います。

◆ライバルだと思っている高校とは

神奈川県内でライバルだと思っているのは東海大相模高校、慶應義塾高校です。得に東海大相模は三木雄介監督も熱心に指導されていますし、東海大仰星時代に花園で優勝経験のある土井崇司校長も熱心なスカウトをされています。

奈良や京都もそうかもしれませんが、県内に一緒に頑張れるライバルチームがあることはとっても良いことです。お互いに切磋琢磨していかないとチームとして上がっていくことができません。

また全国大会に出場してくるようなチームは、私立とか公立とか、強いや弱いに関わらず、いろんな環境に置かれている中で、最善を尽くしているので、リスペクトすることが多いですし、さまざまな取り組みは参考になり勉強になっています。

2021年度の花園では3連覇がかかっているので周りからもいろいろと言われますが、まずそ

2021年11月14日、県内最大のライバル東海大相模を下し、7大会連続20回目の花園出場を決めた

の前に県内の予選を勝つことが大事だと思って取り組んでいました。コロナ禍の前までは、練習量や試合数が県内の他の高校に比べてアドバンテージがあったのですが、昨年からその蓄積がなくなっていることを一番危惧しています。

東京パラリンピックでもこんなことがありました。車いすラグビー日本代表が準決勝のイギリス戦を前にこれまでイギリスには一度も負けたことがないという発言をして、その言葉が報道されました。結果的には大差で負けてしまいました。選手の中に隙があって、そういった発言をベテラン選手がしてしまったがゆえに、どこかに勝てる雰囲気になり、そこが落とし穴になってしまったのではないでしょうか。

そういうことがやはり、高校ラグビーでも起こり得ると思っています。県大会でもそういう可能性があるので、油断せずにしっかり県で優勝し、花園に優勝旗を返しに行くことが大事なことだと選手に話すようにしていました。

◆桐蔭学園ラグビー部は来る者拒まずのスタンス

ここまで読んでいただければおわかりのように、私はラグビー部の監督というより、学校の教員というスタンスを崩さないようにしています。

ちゃんと体育の授業を週15時間くらいやっています。花園は例年12月27日開幕ですが、24日くらいまでは授業をしていますす。２０１８年度から3年間、担任を持っていました。松島や竹中がいたとき以来になるので、久しぶりでした。

10年前と今の高校生は多少変わったかなと思いますが、根本的には大きく変わっていないのではないでしょうか。私はやりにくくなったと感じたことはありませんが、むしろ変わったのは生徒たちの保護者なのかなと感じています。

最近、結果が伴ってくるにつれて桐蔭学園ラグビー部は敷居が高いと、ラグビースクールの人には思われているようです。ただ来る子は拒んだりしませんし、私の息子もそうでしたが、毎年2〜3人ほどラグビー未経験者も入部してきますし、実際、２０２1年度も2人が未経験者です。

未経験者の生徒を指導するのは楽しいですね。指導者にとっては鏡みたいなもので、僕らが教えたとおりにやりますから。来るならいつでも歓迎します。門戸は開いています。

学校の規定もあり、毎年10人程度がラグビー推薦で入部してきますが、ほとんどの生徒が自宅から通っており、現状では東京や神奈川以外の生徒はそれほど多くはありません。ほかの部活動や親が海外勤務のため国内に残っている生徒と共有の寮がありますが、その寮で生活しているラグビー部員は、毎年10人に満たないです。

朝練習は、主に個人練習をやっています。強制ではないので、来る子は来ますし、来ない子は来ません。生徒はみんな6時限目まで授業を受けてから部活に来ています。部活の練習は週5回、2〜3時間程度やりますが、桐蔭学園は学業が優先であり、次が部活、ラグビーです。そういった環境でも来たいと思う子は、ぜひ来てほしいです。

◆今後のキャリアについて

桐蔭学園の規定では63歳が定年で、さらに2年間は契約として残ることができるので、つまり65歳までは働くことができます。監督となって20年目、現在53歳なので、今後、どうするかはちょっと考えていかないといけない年齢に差し掛かってきましたが、今のところ深く考えてはいません。でもそろそろ若い指導者が入ってきて引き継ぎをした方がいい頃かもしれません。年齢的には5〜

10年くらいいっしょにやっていれば、多少なりとも……という気持ちもあります。ただ逆に新しく入った方がかなり難しいとは思いますので、まっさらな状態でやるのも一つかもしれません。

2020年度、仙台育英を30年間指導されて勇退した丹野さんに、「藤原、そろそろ後進に譲る頃じゃないか？」と言われたこともあります。私は「50歳を超えたので、そろそろ高校ラグビーを卒業してもいいんですかね？」と言うと、丹野さんは「いつまでもやっていたら、若い指導者が育ってこないだろ？」と言われて、それも一理あるなと思いました。

ただ長くやっていると、高校野球の蔦文也監督（元・池田高校）、高嶋仁監督（智辯和歌山）、馬淵史郎監督（明徳義塾）みたいに、いろいろと面白いことを経験するかもしれない。バイタリティーがあり、奈良・御所という街をラグビーで人が集まる街にした、御所実業ラグビー部の竹田寛行監督も退職されても監督をやられています。早めに指導者を辞めるのがいいのか、長く指導するのがいいのか、どっちがいいのかはわかりません。

他の人からどうこう言われる筋合いもありませんし、周りの人や選手に害を与えるのであれば辞めた方がいいと思いますが、自分がやりたいと思うのであれば、続けてもいいのかなと思っています。

私が大事にしている言葉は、「座右の銘くらい作っておいたほうがいいぞ」と言われ、大東文化大第一高卒業時にラグビー部の恩師である神尾監督からもらった「意志あるところ必ず道あり」です。

ただラグビーに関しては大それた夢はありません。今後もやることは変わらない。高校3年間という限られた時間の中で、桐蔭学園ラグビー部に入ってくれた選手をどう伸ばしていくか。

これからも、しんどい時代が来ることもあるでしょうから、ラグビーに関わらず、そのときそのとき、何をすべきか的確な判断ができるような大人になるよう、ラグビーを通じて人間力を高めていきたい。高校では、そのための基本となるようなことができればいいと思っています。

桐蔭学園ラグビー部の指導もあと10年くらいは可能だと思いますが、今後も「子どものために、チームのために、そして日本のラグビーのために」という思いを胸に、魅力あるチームを毎年作っていきたいですね。

あとがき

この本では、桐蔭学園ラグビー部での私の30年間の指導歴を振り返ってきました。2019年度に初めて「花園」こと全国高校ラグビー大会で単独優勝を飾ることができましたが、今から思えば、私は高校ラグビーの指導者のキャリアとして運がよかった、恵まれていたと強く感じています。

日本体育大学を卒業後、体育教諭を目指していたとき、たまたまラグビー部を強化しようとしていた桐蔭学園に誘っていただいて、コーチとなり、2002年から監督になり、今まで指導を続けることができました。

まず、私が長年、ラグビー部の指導を続けてこられたのは、桐蔭学園の校長まで務められた故・野坂康夫先生のサポートが大きかったと実感しています。桐蔭学園はラグビー部、野球部、サッカー部以外にも柔道部、剣道部も全国優勝している強豪校で、強化クラブのマネジメントを担当されていた方でした。

人心掌握術に長けていた野坂先生はセキュアーベース的な立ち位置でラグビー部にご協力、ご支援していただきました。そのおかげで、私たちスタッフはいろんなことに積極的に取り組むことができて、チームとして毎年、成長することができたと思っています。今でも私のメンターの一人であり、本当のリーダーだったと感じています。

毎年、チームが強くなって花園や選抜大会のタイトルを取ることも、もちろん目標としていますし、勝てば嬉しいですが、今後はOB会のご協力を得ながら、高校生向けにOBや大学生によるキャリアセミナーを行うなど「桐蔭ファミリー」の絆を強めていく活動も積極的にしていきたいと思っています。

桐蔭学園ラグビー部から、近い将来、リーグワンやラグビー日本代表になるような選手が輩出されることは、指導者としての喜びの一つになっています。また大学を卒業した後、ラグビーを辞めてから社会に出て、OBがさまざまな分野で活躍していることを聞くのも同じくらい嬉しく感じています。

停滞は衰退と同じです。高校生が将来、どうありたいか考えられるような人間になり、後に「桐蔭ラグビー部に入ってよかった！」と思えるような組織にしていくことで、ただ競技が強いだけではないという桐蔭学園ラグビー部の存在価値、存在意義を高めることができたらいいなと考えています。

もちろん、「チーム桐蔭」の存在も大きなエネルギーになっています。

本校1期生でもあり、ラグビー部部長を務めていた大西秀幸先生、日本体育大学の後輩でありFW全般の強化をしている金子俊哉コーチ、OBでありセカンドグレードのコーチも務める福本剛コーチ、ストレングスコーチの前田励文さん&浜中健次さん、チームドクターを務める宮田庸先生と中澤暁雄先生、メンタルコーチの布施努先生、女子ラグビー部の坂詰洋平監督、吉井瑠央トレーナーなど、いつも生徒たちのことを考えて行動してくれる「チーム桐蔭」のみなさまには感謝の言葉しかありません。

1月で54歳となります。いつまで指導できるかわかりませんし、だいそれた夢はありません。それでも今、目の前に生徒がいますし、桐蔭学園には30年以上にわたってラグビー部に携わらせていただき、ありがたく思っています。

あらためて、スタッフ、選手たちなど今までラグビー部に関わっていただいた方、そして私を支え続けてくれた家族には心より御礼申し上げます。今後もできる限り、スタッフと生徒と楽しみながらラグビー部の指導を続けていければと思っています。

桐蔭学園ラグビー部監督
藤原秀之

桐蔭学園ラグビー部　歴代戦歴

通算成績		全国大会	全国選抜大会	全国7人制大会
	優勝	3回	3回	1回
	準優勝	5回	3回	ー
	3位	5回	ー	2回

期	（年度）	キャプテン	全国大会	全国選抜大会	全国7人制大会	備考	スローガン
56期	（2021年度）	中島　潤一郎	7年連続20回目	準優勝	カップ9位		毅
55期	（2020年度）	佐藤　健次	**優勝**	中止	中止	※花園連覇	貫
54期	（2019年度）	伊藤　大祐	**優勝（3冠）**	**優勝**	**カップ優勝**	※花園単独優勝&高校3冠達成	一心
53期	（2018年度）	小西　泰聖	準優勝	**優勝**	カップ3位		磨
52期	（2017年度）	原田　衛	3位	**優勝**	カップ3位	※全国選抜大会初優勝	礎
51期	（2016年度）	山本　龍亮	3位	準優勝	プレート優勝		轟
50期	（2015年度）	齋藤　直人	準優勝	ベスト8	プレート準優勝		築
49期	（2014年度）	山川　耀	県2位	準優勝	プレートベスト8		日進月歩
48期	（2013年度）	横山　陽介	準優勝	ベスト8	2014年～		覇氣
47期	（2012年度）	上原　充	ベスト16	ベスト8			越
46期	（2011年度）	濱野　大輔	ベスト8	中止			繋
45期	（2010年度）	小倉　順平	**優勝**	3位		※東福岡と引き分け両校優勝	柔能制剛
44期	（2009年度）	濵田　大輝	準優勝	ベスト8			昇
43期	（2008年度）	西橋　勇人	ベスト16	1回戦敗退			歩
42期	（2007年度）	仲宗根　健太	3位	準優勝			克己
41期	（2006年度）	宮沢　正利	3位	3位			一生懸命
40期	（2005年度）	櫻井　朋弘	準優勝	1回戦敗退			絆
39期	（2004年度）	大沢　亮	県ベスト8	1回戦敗退			一心不乱
38期	（2003年度）	高梨　達也	ベスト16	1回戦敗退			臥薪嘗胆
37期	（2002年度）	首藤　甲子郎	県2位	1回戦敗退			
36期	（2001年度）	石井　健也	県3位	2回戦敗退			
35期	（2000年度）	後藤　翔太	ベスト8	ー			
34期	（1999年度）	東野　憲照	県2位	3位			
33期	（1998年度）	鈴木　雅大	3位	2000年～		※花園初のベスト4	黄金時代
32期	（1997年度）	山崎　純	県3位				
31期	（1996年度）	芝田　裕一	ベスト16			※花園初出場	初志貫徹
30期	（1995年度）	岡本　和樹	県2位				
29期	（1994年度）	野村　武史	県2位				
28期	（1993年度）	高橋　修明	県2位				
27期	（1992年度）	鯛　洋太郎	県ベスト8				
26期	（1991年度）	高野　将太郎	県2位				
25期	（1990年度）	熊谷　喜一	県2位			※70回記念大会のため2校出場	

桐蔭学園高校ラグビー部監督

藤原秀之

PROFILE

1968年生まれ、東京都出身。
大東文化大学第一高等学校ではウイングとして活躍し、
1985年花園にて全国制覇を経験。
日本体育大学を卒業後、1990年に桐蔭学園高校保健体育科の教員、
ラグビー部コーチとなり、2002年から監督に就任。
2010年度、第90回全国高校ラグビー大会において
東福岡高校との両校優勝で監督としても花園制覇を成し遂げる。
また2019、2020年度には史上9校目の花園連覇を果たし、
その手腕に注目が集まっている。
これまでに全国大会優勝3回（2010、2019、2020年度）、
準優勝5回、全国選抜大会では2017年から3連覇を達成。
桐蔭学園を今や“東の横綱”と呼ばれるまでに育てあげた。

斉藤健仁：構成
桐蔭学園高校ラグビー部：写真提供
斉藤健仁
布村英明：装幀・本文組版
柴田洋史（竹書房）：編集

※本書に出てくるコーチ、選手の所属、学年などは
2021年12月現在のものです。

個を育てチームの成長へつなげる
桐蔭学園ラグビー部式
勝つための組織の作り方

2021年12月21日初版第一刷発行

著　者：藤原秀之
発行人：後藤明信
発行所：株式会社 竹書房
〒102-0075
東京都千代田区三番町八番地一
三番町東急ビル六階
E-mail　info@takeshobo.co.jp
URL　http://www.takeshobo.co.jp

印刷所：共同印刷株式会社